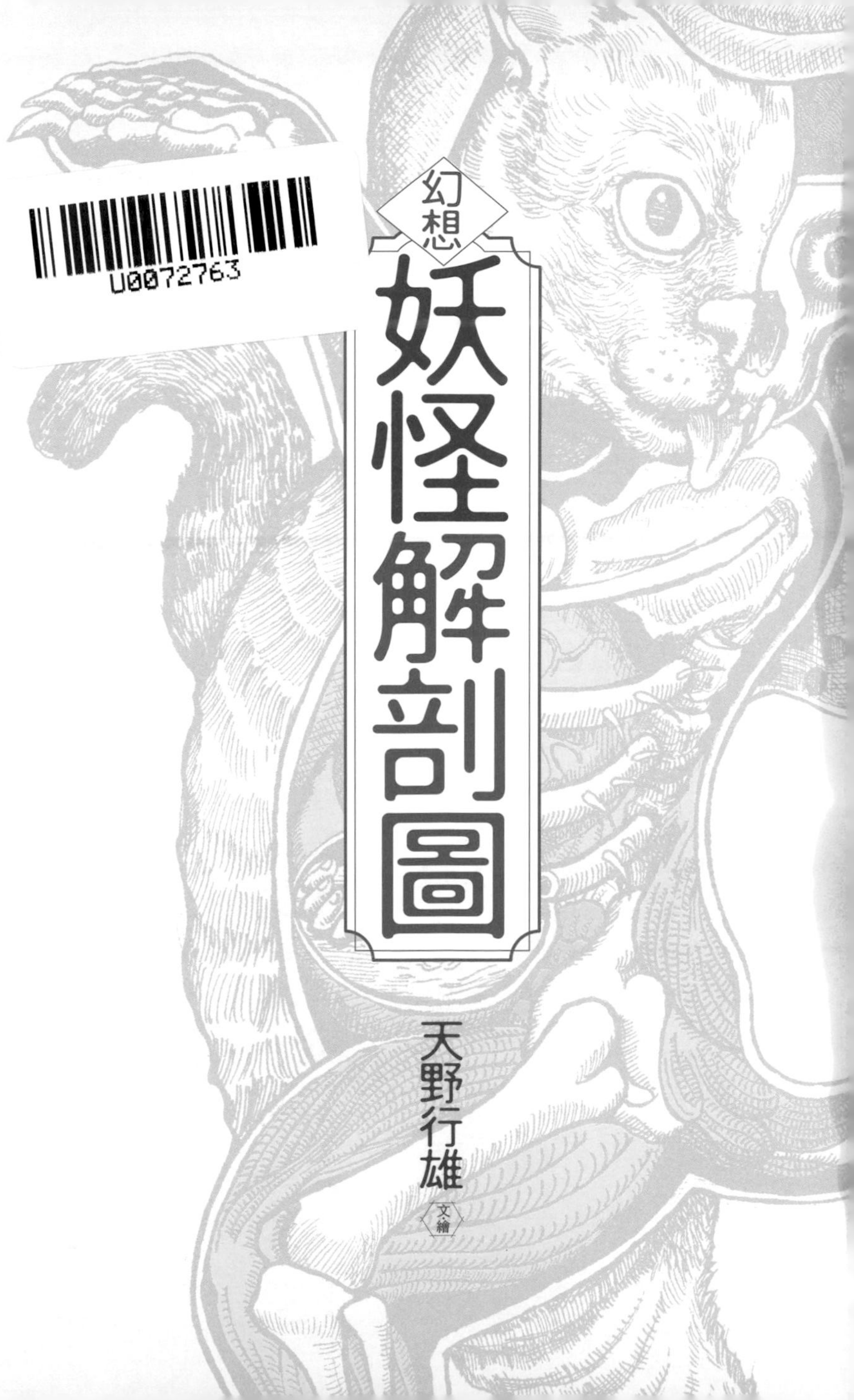

幻想

妖怪解剖圖

天野行雄

文・繪

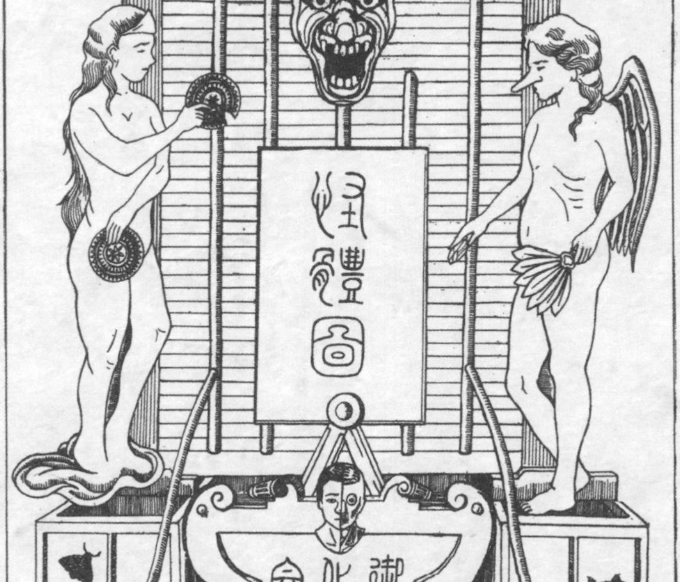

序

◇◇◇

各位晚安。

我是觀光公司「日本妖怪觀光」的代表天野行雄，本公司將透過介紹棲息在日本各地的各種妖怪，帶領各位一窺日本這個國家的另一面。

本公司為滿足客人的需求，每天都在蒐集有趣的妖怪資訊。有一次，我們發現了一本相當不可思議的書。

這本書刊登在老舊商店街上舊書店的目錄中，書名叫做《怪體新書》，是大正時代成書的書籍。

據傳該書是茨城縣北條町（現在的筑波市）一位名叫野田元三的外科醫生生所撰寫的解剖圖集，乍看之下還以為是人體相關醫學書籍，沒想到書中描繪的居然是妖怪身體解剖圖。

外科醫生 野田元三

野田元三是位優秀的外科醫生，他在治療當地居民之餘，也獨自研究未知生物的生態。而野田著手研究的契機，據說是他同為醫生的祖父元齋所留下的大量妖怪相關資料。

野田元齋原是筑波郡北條町上的開業醫生，據說他曾遇過妖怪。瓦版（類似古時候的新聞）上也有記載他目擊妖怪的親身體驗，在一部分人之間引起話題。元齋堅信世上有妖怪存在，卻被否定這件事的人當作怪人看待。自此之後，他絕口不提妖怪，據說晚年時也不與人交流，終日關在房內埋首研究。而元齋所研究的，就是他所目擊到的妖怪。繼承醫生家業的孫子元三，在某天發現了祖父在研究室留下的大量資料。

自己也常看到不可思議東西的元三，繼承祖父的遺志，進一步進行研究，這本妖怪解剖圖《怪體新書》就是匯集其研究成果的集大成之作。

由於這本少量印刷的自費出版書籍內容相當奇異，大家都只把牠當成是元三寫好玩的作品。元三的家人也不把該書當一回事，在元三死後，就連同其他遺物一併處理掉了。

我在偶然中發現到的這本書，可說是奇蹟般保留下來的一本。

該書在一部分妖怪愛好者之間多次引起話題，但由於沒人親眼目睹過而不

《怪體新書》
實物照片，封面

《怪體新書》
實物照片，內頁

太被當真，幾乎成了都市傳說。

為了讓更多人知道遭到埋葬的《怪體新書》內容，書中還增添了本公司所收藏的妖怪資訊與解說。

這本奇蹟問世的世紀奇書，由於內容荒唐無稽，想必有讀者看完會笑說：「這太誇張了吧。」可是，這也許真的是由親身遇過、接觸過妖怪的人物所留下的記錄。

書中所記載的眾多離奇資訊，信不信由你。

◇◇◇

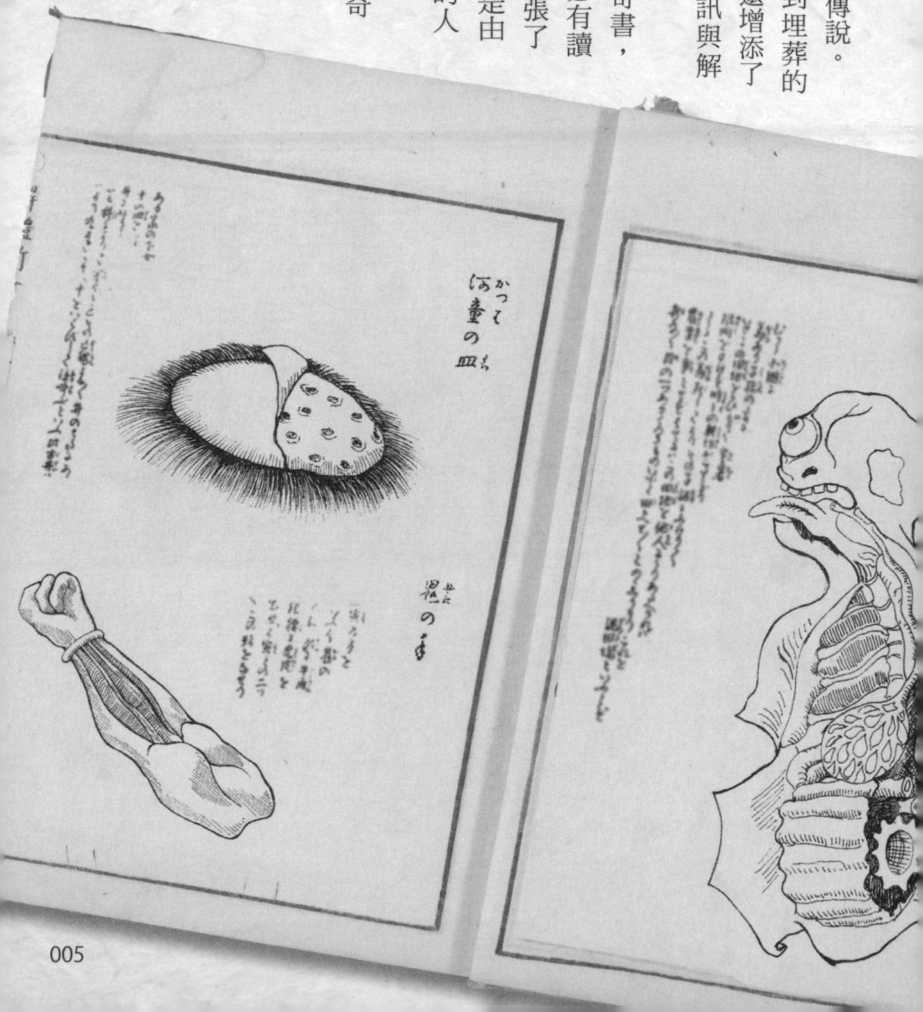

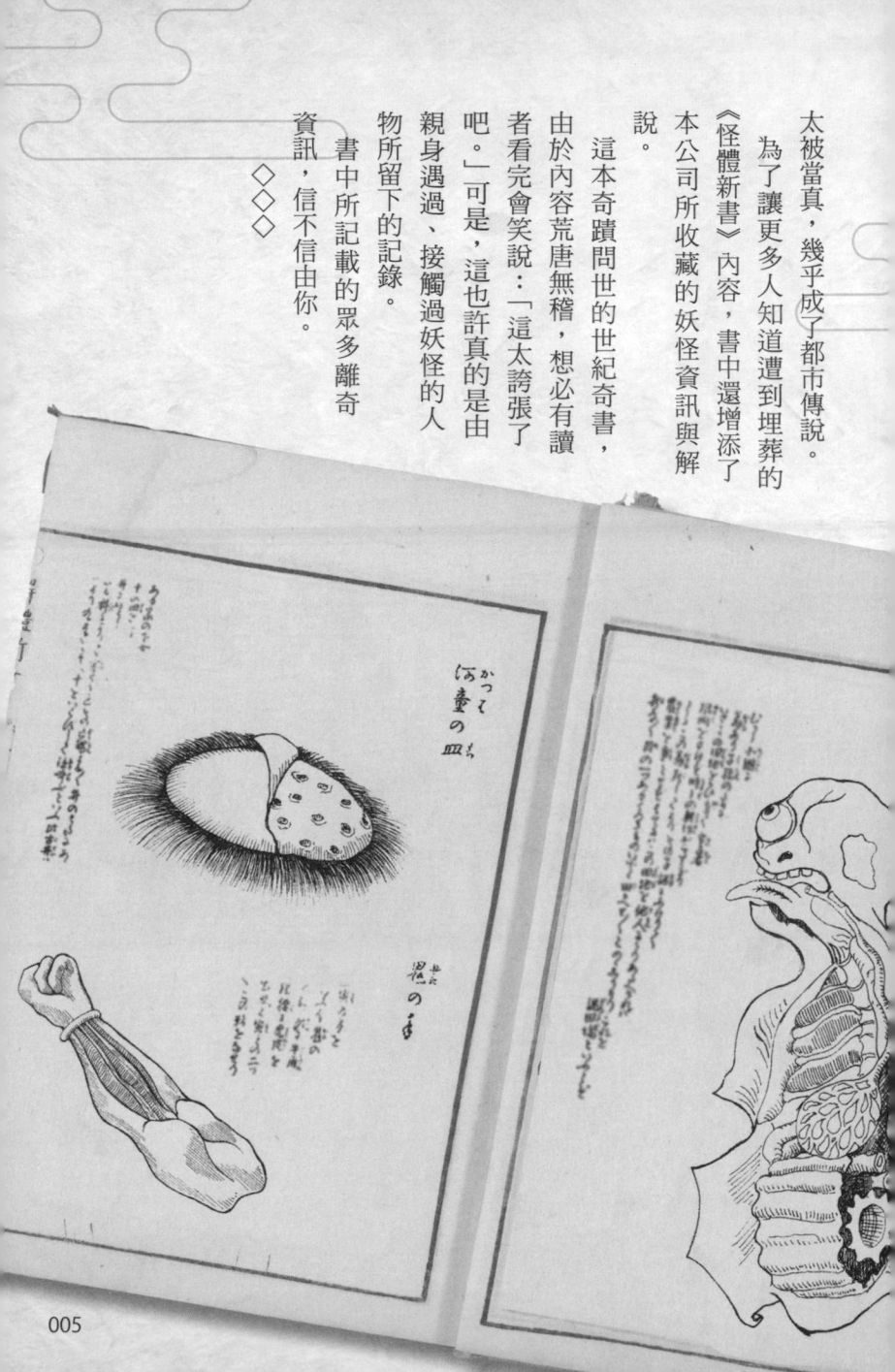

水邊的妖怪
複製妖怪 阿瑪比埃▼040
海難妖怪 海坊主▼028
水棲人 人魚▼024
織布妖怪 女郎蜘蛛▶036

山中的妖怪
灼熱妖怪 魃▶062
流動妖怪 山童▶044
獨眼獨腳妖怪 一本踏鞴▶054
魔道妖怪 天狗▶066
加重妖怪 子泣爺爺▶048

冷凍妖怪 雪女▶060
暴食妖怪 畏畾▼056
獄卒妖怪 鬼▼050
妖怪與幽靈不一樣嗎？068

擋路妖怪 塗壁▶076
巨大化妖怪 見越入道▶082
帶子妖怪 產女▶092
犬形妖怪 脛擦▶074

路上的妖怪
木靈陰火 釣瓶火▶080
搖籃妖怪 夜啼石▶088
垂吊妖怪 茶袋▶086
妖怪會出現在什麼樣的場所？094
疾風妖怪 鐮鼬▶070

合體妖怪 餓者髑髏▶108
不定形妖怪 肉瘤怪▶112
布匹妖怪 一反木綿▶118
隨機襲擊妖怪 髮切▶114

村落的妖怪

飛頭妖怪 轆轤首▶122
倒立妖怪 天井下▶132
執著妖怪 目目連▶128
剪裁妖怪 網剪▶126
幸運妖怪 座敷童子▶144

家中的妖怪

日本妖怪觀光
天野行雄

水邊的妖怪

其一

怪音妖怪—小豆洗

發出在河川淘洗紅豆的聲音

知名度：★★★★★
稀有度：★☆☆☆☆
危險度：★★☆☆☆

身高
1公尺
60公分
體重
60公斤

小豆洗的翅膀
以前似乎能展翅飛翔，現在翅膀已退化。

小豆洗的眼睛
圓溜的大眼變成了複眼。連一顆小紅豆也不放過。

小豆洗的鬍鬚
宛如觸角般的鬍鬚。是能偵測附近有無人影的雷達。

・臺灣半嗡蟲
據說小豆洗真面目是大型茶柱蟲。這種昆蟲發出的聲響近似沏茶時的聲音，因而被稱作茶柱蟲。

擴音器

能將身體發出的聲音擴大。

小豆洗的胃

最愛吃紅豆和澱粉。偶爾也會吃人。

發音器

藉由洗紅豆的動作摩擦手臂根部來發出聲音。能讓洗紅豆的聲音更加響亮喔。

小豆洗的手

帶有兩根銳利的鉤爪，即使在容易滑倒的岩場也能抓緊岩石。

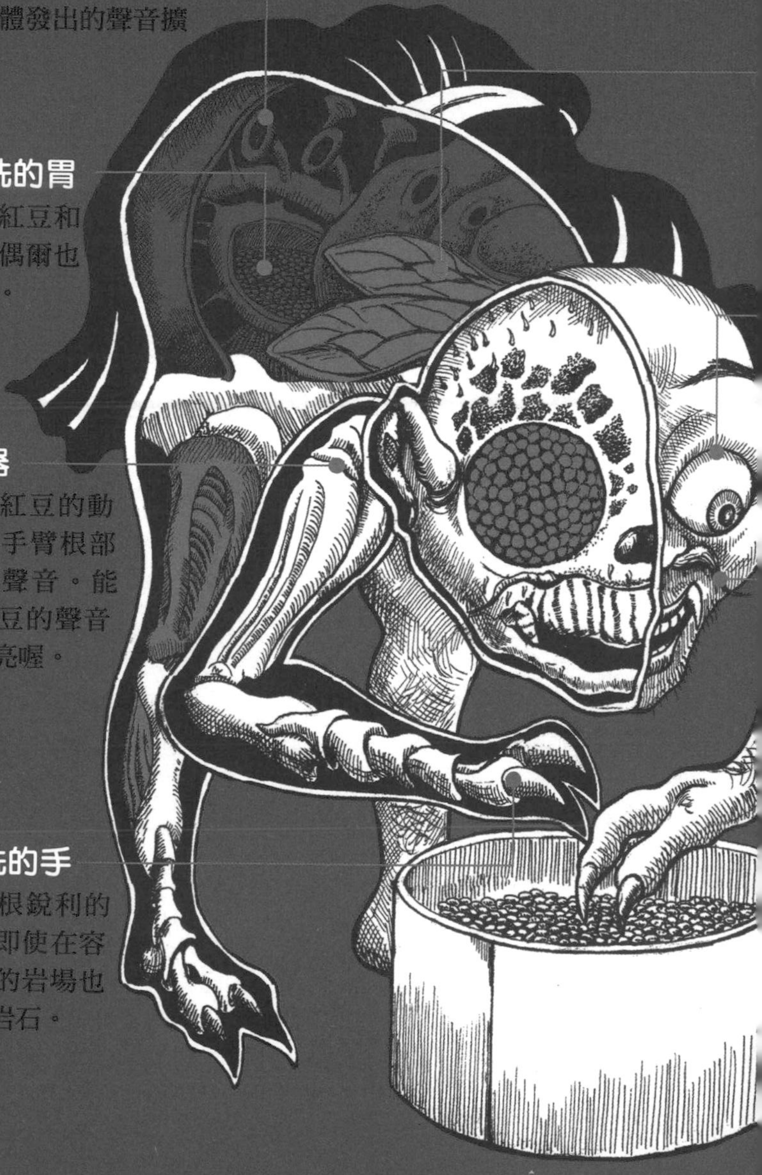

栃木縣佐野市流傳著每晚四處走動的「小豆磨婆」事蹟，也有其雕像。

在河川或水邊發出洗紅豆聲響的妖怪。即便朝出聲方向看，也見不著蹤影。在日本各地都有出現的記錄。不過有的小豆洗只會發出洗紅豆聲，有的則會在洗紅豆時喃喃唸著：「該洗紅豆好，還是吃人好？」小豆洗也有女性及動物形象，關於其真面目眾說紛紜，有小和尚、老婆婆、女性、鼬鼠、狐狸、狸貓等說法。

野田元三所畫的小豆洗解剖圖，採用的是江戶時代的怪談書《繪本百物語》所描繪的和尚形象，身體則是昆蟲的構造。

有說法認為，小豆洗發出的聲響，其實是一種叫做「茶柱蟲」的昆蟲所發出的聲音與障子門（日式紙拉門）產生共鳴所致，或許元三說的就是這種形象。

出現地區：秋田縣、長野縣、栃木縣、埼玉縣、東京都、山梨縣、岡山縣、德島縣、愛媛縣、大分縣等

討厭的地方：吵到聽不見洗紅豆聲的地方

解剖圖中的小豆洗與茶柱蟲一樣，手臂根部長有發音器，摩擦後就會發出聲音。藉由淘洗紅豆的動作來摩擦發音器，就能使聲音增幅，發出「簌簌」聲。

小豆洗抬臂前屈的姿勢和帶有兩根鉤爪般的手指，一直以來都是個謎，其實當中藏著上述祕密。

在新潟縣，據說洗紅豆的是惡作劇鼬鼠。

—其二— 水棲妖怪・河童

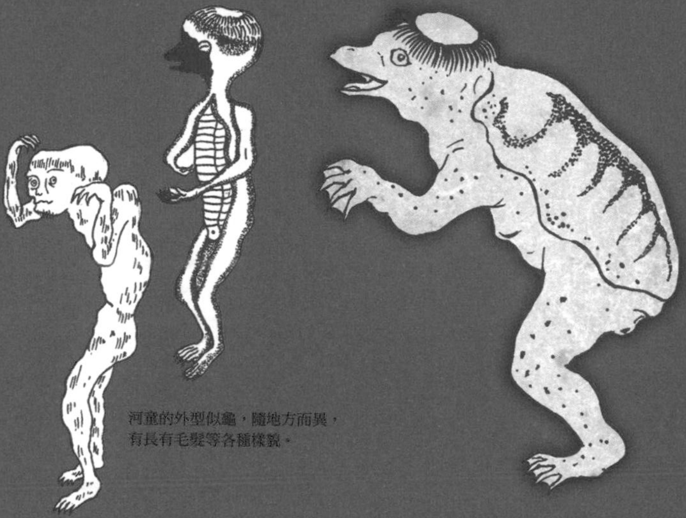

河童的外型似龜，隨地方而異，有長有毛髮等各種樣貌。

流傳日本各地的水邊妖怪。有一說法認為，河童乃是水神沒落後的樣貌。共通特徵是喜歡玩相撲，其名稱因地方而異，有「河太郎」、「河伯」、「gawata」、「kawaapa」等。

擅長游泳，會潛入水中將人拖進水裡，取走其尻子玉（位在肛門內的虛構玉石，是河童的最愛）。

河童頭上有類似盤子的構造，一旦乾涸就會使不出力氣。體型據說與一般小孩差不多大，但也有體型小到馬的足跡般大的水漥可容納一千隻的小型河童。相傳河童的形象有全身紅色、外型像龜或猿猴、長有毛髮等，隨地區而異。

有河童想對人類及馬匹惡作劇，而被抓起來切掉手腕，若救其一命，河童就會每天送鮮魚或傳授療傷藥膏的做法作為回報，相當重視義理。

關於河童的真面目眾說紛紜，先是水獺、龜、鱉等生物說，最後甚至還出現恐龍殘存說和外星人等說法。總之，至今河童仍是話題不斷的人氣妖怪。

出現地區：日本各地

討厭的事情和東西：頭頂的盤子乾涸、猴子、金屬器具及佛飯（供奉眾佛的米飯）。

據傳江戶時代的藥膏「岩瀨萬應膏」，是牛久沼（現在的茨城縣牛久市）的河童告訴人類做法而製成的。

其二

水棲妖怪——河童

會將人類拖進水中

知名度：★★★★★

屁臭味：★★★★★

認真度：★★★☆☆

身高
4.9毫米到
1公尺30公分
體重
0.8公克到
22公斤

・恐人
未遭到滅絕、存活下來的恐龍進化而成的生物。也有說法認為河童的真面目就是恐人。

河童的手臂

一拉就會伸長，相對地另一手會縮短。會有這樣的身體構造，據說是因為河童是由被丟棄的人偶變成的。

河童的肛門

有三個肛門。據說可藉由肛門放屁的力量來游泳。其屁臭氣薰天。

河童的盤子

可用來儲水，一旦乾涸就會使不出力氣。

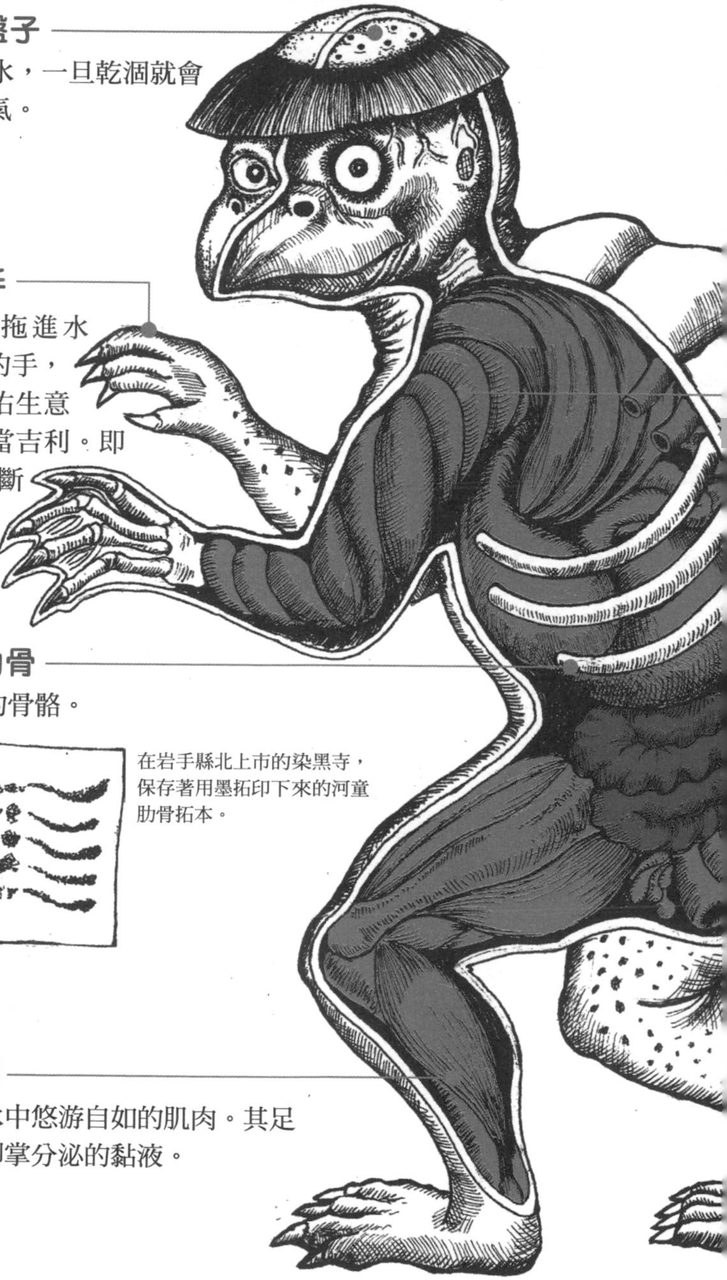

河童的手

會將人類拖進水中的河童的手，據說能保佑生意興隆，相當吉利。即使手被切斷了也能塗藥接回。

河童的肋骨

保護內臟的骨骼。

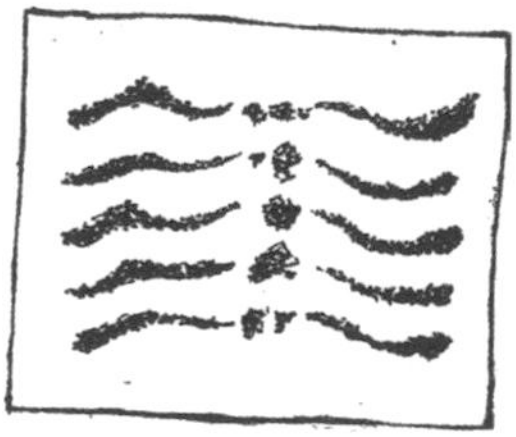

在岩手縣北上市的染黑寺，保存著用墨拓印下來的河童肋骨拓本。

河童的腳

具有能在水中悠游自如的肌肉。其足跡會留下腳掌分泌的黏液。

—其三—

水棲人—人魚

長有人臉的魚

美人度：★★☆☆☆
游泳技巧：★★★★★
肉的營養度：★★★★★

身高
1公尺到
1公尺20公分
體重
25公斤到
30公斤

・人魚木乃伊的舊明信片（高野山苅萱堂）

日本各地都有留下能證明人魚存在的人魚木乃伊。

鰾
可產生特殊氣體，不僅能在水中悠游，甚至還能在空中乘風駕雲。

人魚的鰓和肺
具有鰓及肺，可在水中及水外活動。

人魚的手
指間長有蹼。其銳爪能撕裂漁夫的漁網。

・人魚的錢包
據說人魚用汙斑頭鯊的卵殼當作錢包。

人魚肉

吃了能長生不老。據說口感很像糯米糰子，即使被切成小塊，還是能從某處發聲說話。

人魚的大腦

擁有能察覺天地變異的能力。

人魚的喉嚨

會發出像人類嬰兒、雲雀或是鹿的叫聲。有時也會說出預言或是說人類的壞話。

據說人魚的真面目是皇帶魚，一種棲息在世界各地深海中的深海魚。扁平而長的銀色身體上，長有狀似紅色觸角的背鰭。

擁有魚鰭形似手臂的魚、上半身為人的魚、長有手腳的魚……等形象的水棲生物。臉孔貌似女性，也被稱作「魚人」。

人魚大多棲息在海中，也有鯉魚與人所生下、棲息在湖中的人魚。

西洋的人魚常被描繪成擁有美麗女性上半身的形象，不過在日本，則是將外形似人的水棲生物稱作人魚。

仔細看古時書籍所描寫的人魚特徵，可知人魚的真面目可能是大山椒魚或是皇帶魚。

人魚現身乃是天地異變的前兆，若是危害人魚，大海就會掀起風浪。

據說人魚肉擁有讓人長生不老的力量，有位女性吃了人魚肉後，活到了八百歲。

出現地區：從北海道到沖繩等日本各地

本書的解剖圖描繪的是江戶時代書籍《今昔百鬼拾遺》中所畫的半人半魚形象，可知人魚兼具人類和魚的身體功能。據說覆蓋全身的魚鱗閃耀著金色光芒，還散發出一股香氣。

現存數具人魚木乃伊的標本，至今仍妥善保管在日本各地寺廟與神社，人們現在依然希望人魚是真實存在的妖怪。

據說吃了人魚肉而長生不老的八尾比丘尼。

—其四— 海難妖怪・海坊主

根據報告，海坊主有各種型態。

貌似半魚人的海坊主。

和尚形象的海坊主。

外形為奇妙黑色團塊的海坊主。

幽靈船形象的海坊主。

突然出現在平穩的海面上將船隻弄沉的妖怪。

其形象有全身漆黑的和尚、用長柄杓將水倒在船上弄沉船隻的船幽靈、化身成美女或船等。

此外似乎也有會說人話的海坊主。

據說在某天，海坊主現身在一個於禁止出海日出海捕魚的漁夫面前，問他說：「你不怕我嗎？」漁夫毫不恐懼地回答道：「沒有什麼比過日子還要恐怖的了。」海坊主聽完之後，便靜靜地消失蹤影。

在國外也有頭部渾圓或是頭戴形似帽子物品的妖怪，叫做「海僧侶」或「主教魚」，外型與日本的海坊主非常相似。

據說海坊主的真面目是鯨魚、烏賊、魟魚、螃蟹、水母等海中生物，不過仔細看解剖圖就會發現，由海洋生物組合而成的身體被一層黑色黏膜狀的黏液所包覆。

或許就是因為這樣的身體構造，才會造成各地目擊海坊主的經驗談和傳聞有所出入。

出現地區：山形縣、宮城縣、靜岡縣、大阪府、山口縣、島根縣、香川縣、愛媛縣、長崎縣等

擊退方法：將味噌融化後放到海中、磨菜刀、燻烤沙丁魚、投擲燃燒的火柴

國外的海坊主「海僧侶」和「主教魚」。

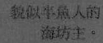

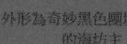

其四

海難妖怪——海坊主

突然現身弄沉船隻

巨大度：★★★★★
聰明度：★★★★☆
怪力度：★★★★☆

身高
3公尺到
30.3公尺
體重
300公斤到
10噸

海坊主的眼睛

圓如盤子，在黑暗中閃耀光芒。

海坊主的胃

專吃溺死在海中的人類靈魂。

海坊主的手

巧妙運用大支長柄杓來弄沉船隻。

海坊主的尾巴

藉由狀似水母觸手的皺褶和鯨魚般的尾鰭，悠游於水中。

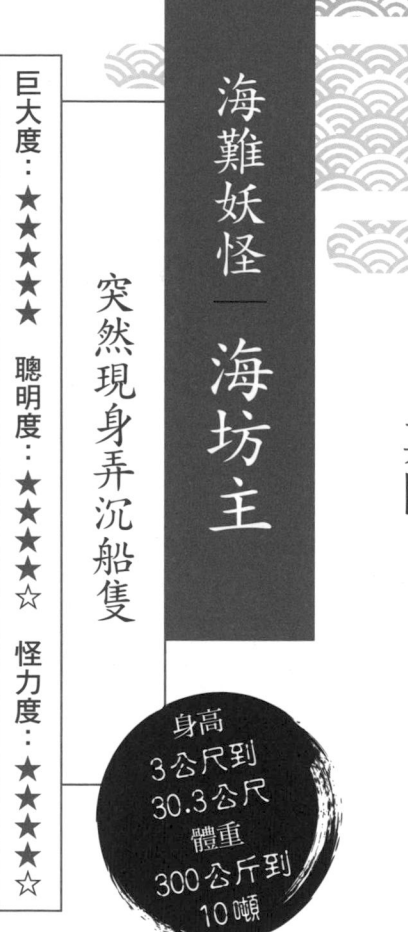

海坊主的大腦

喜歡問人類謎語。

當海坊主說「借我長柄杓」時，一定要挖掉杓底後再拿給牠。

若是直接拿長柄杓給牠，牠就會將水倒在船上，弄沉船隻。

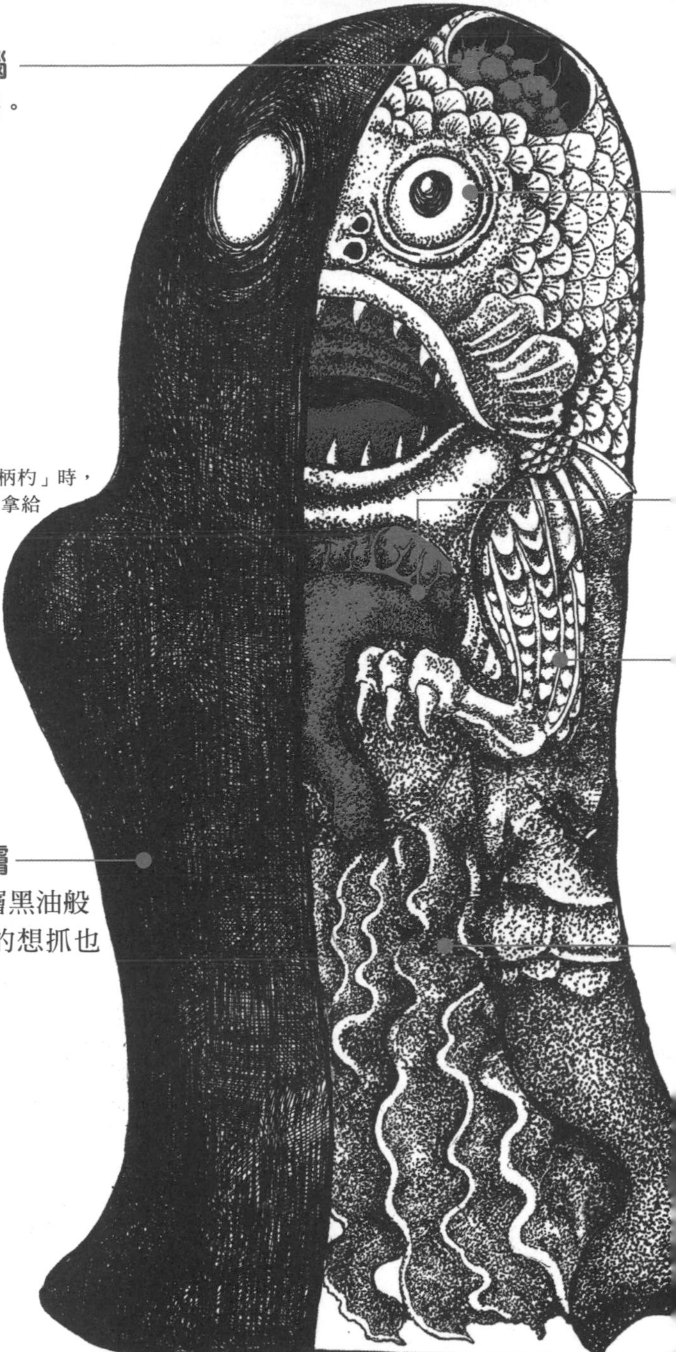

海坊主的皮膚

全身覆蓋著一層黑油般的物質，滑滑的想抓也抓不住。

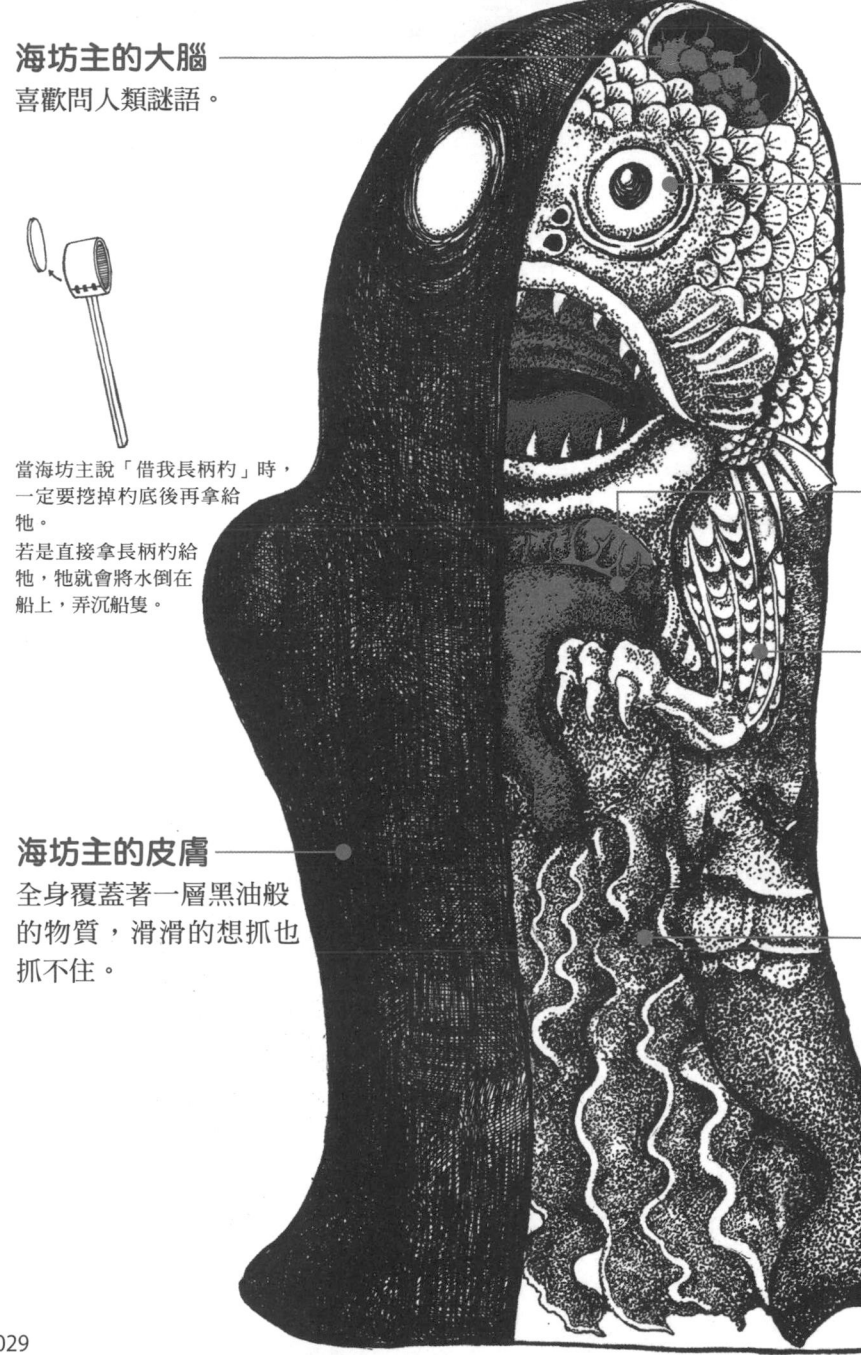

其五

幻覺妖怪——蜃

能吐氣形成幻影

危險度：★★★☆☆
稀有度：★★★☆☆
影像解析度：★★★★★

身高
（文蛤型）
1公尺60公分
（龍型）
5公尺
體重
120公斤

鱗甲板

保護身體不受外敵侵襲的裝甲。藉由兩片裝甲的開闔在水中移動。

蜃的皮膚

全身覆蓋著鱗片。下半身長有逆鱗。肉中所含的脂肪，含有燃燒後能產生幻影的成分。

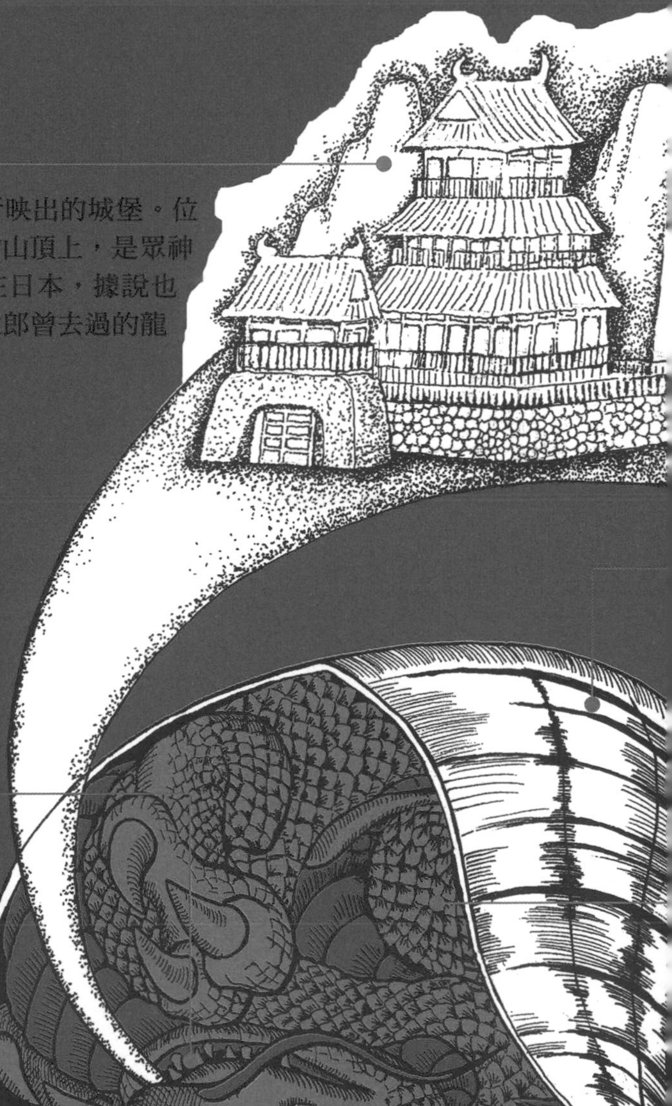

喜見城

蜃吐出的煙霧所映出的城堡。位在幻之山須彌的山頂上，是眾神居住的樂園。在日本，據說也有映照出浦島太郎曾去過的龍宮城。

蜃的嘴巴

能吐出海市蜃樓。藉由吐氣擊落並吃掉最喜歡吃的燕子。

蜃的爪

能抓住雨雲和霧。也能夠抓住大氣中的水分，騰空而上。

蜃有兩種形態：龍型和文蛤型。

搭船航海時，海上突然冒出陸地及城堡之類的建築物，有時也會看到民家、樹木及往來的行人。可是靠近一看，眼前卻空無一物。這種現象就稱作海市蜃樓。製造這種幻影的就是自中國傳入的生物——蜃。

蜃可分成龍型和巨大文蛤型兩種型態。據說龍型蜃乃是蛇與雉交配後生下的蛋在地面孵化，經過數百年後升天的模樣。

據報告說，蜃在中國古老傳說中不是由兩種生物結為一體，就是變身成別種生物。像是雉入水會變成蜃，也有說法是麻雀入海會變成文蛤。

文蛤當中有種在海裡巨大化的品種，叫做車螯。有文獻記載，這個車螯就是蜃，在春夏之際會從海中吐氣，使人看見幻影。

或許有人會認為龍型蜃和文蛤型蜃是不同的種類，不過看了蜃的解剖圖後，就會發現牠像龍的身體變形後縮進文蛤殼內。

出現地區：秋田縣、富山縣、石川縣、長崎縣等
消除幻影的方法：乘船朝著幻影之門衝撞過去

在古代中國傳說當中，認為麻雀會變成蛤。

—其六— 兇惡妖怪・牛鬼

有牛、蜘蛛、有翅膀的人型、類似螢火蟲光芒等形態。江戶時代的繪師鳥山石燕則是將牛鬼畫成牛形。

棲息在海中、河川、山間池塘及深淵的怪物。據說牛鬼有長有牛頭的鬼、長有鬼臉的牛，或是擁有鬼臉和蜘蛛身體等形象。個性兇暴，會襲擊人類和家畜。有時會直接啃食，有時則會啃食影子，影子被吃掉的人不久就會死亡。牛鬼能口吐毒氣，也有只要看到一看到牠就會染病，甚至死亡的案例。

隨地方而異，也有牛鬼會與濡女聯袂出現。手上抱著小孩的濡女現身後，就會對人央求說道：「請你抱抱這個孩子吧。」要是不慎抱起小孩的話，小孩就會變得愈來愈重，等到全身動彈不得時就會遭到牛鬼襲擊。

據報告說，也有每晚會化成人形現身、擁有變身能力的牛鬼，因此濡女很可能是由牛鬼幻化而成。

出現地區：宮城縣、東京都、三重縣、和歌山縣、島根縣、德島縣、愛媛縣等
弱點：鋸子的第三十二齒目刀刃（鬼刃）、銘刀、火繩槍、符咒

儘管牛鬼是相當兇暴的怪物，只要用鋸子第三十二齒目的鬼刃、家傳銘刀，或是上面刻有經文的火繩槍彈等武器，就能將其制伏。

另外，換個角度想，牛鬼的強大力量也能轉變成強力的避邪物。在愛媛縣，至今仍然舉辦裝飾牛鬼面具，或是巨大牛鬼像遊行全鎮的祭典。

在愛媛縣的宇和島，會舉辦巨大牛鬼像登場的祭典。

其五

兇惡妖怪——牛鬼

會噴毒吃人

兇暴度：★★★★★
變身能力：★★★★★
避邪力：★★★★★

身高
2公尺到
4300公尺
體重
700公斤到
1500噸

牛鬼的眼睛

擁有盯視對方就能殺死生物的能力。

牛鬼的牙齒

常磨蹭岩石，將牙齒磨得鋒利。

牛鬼的腳

腳掌的構造相當特殊，能一聲不響地接近鎖定的獵物。

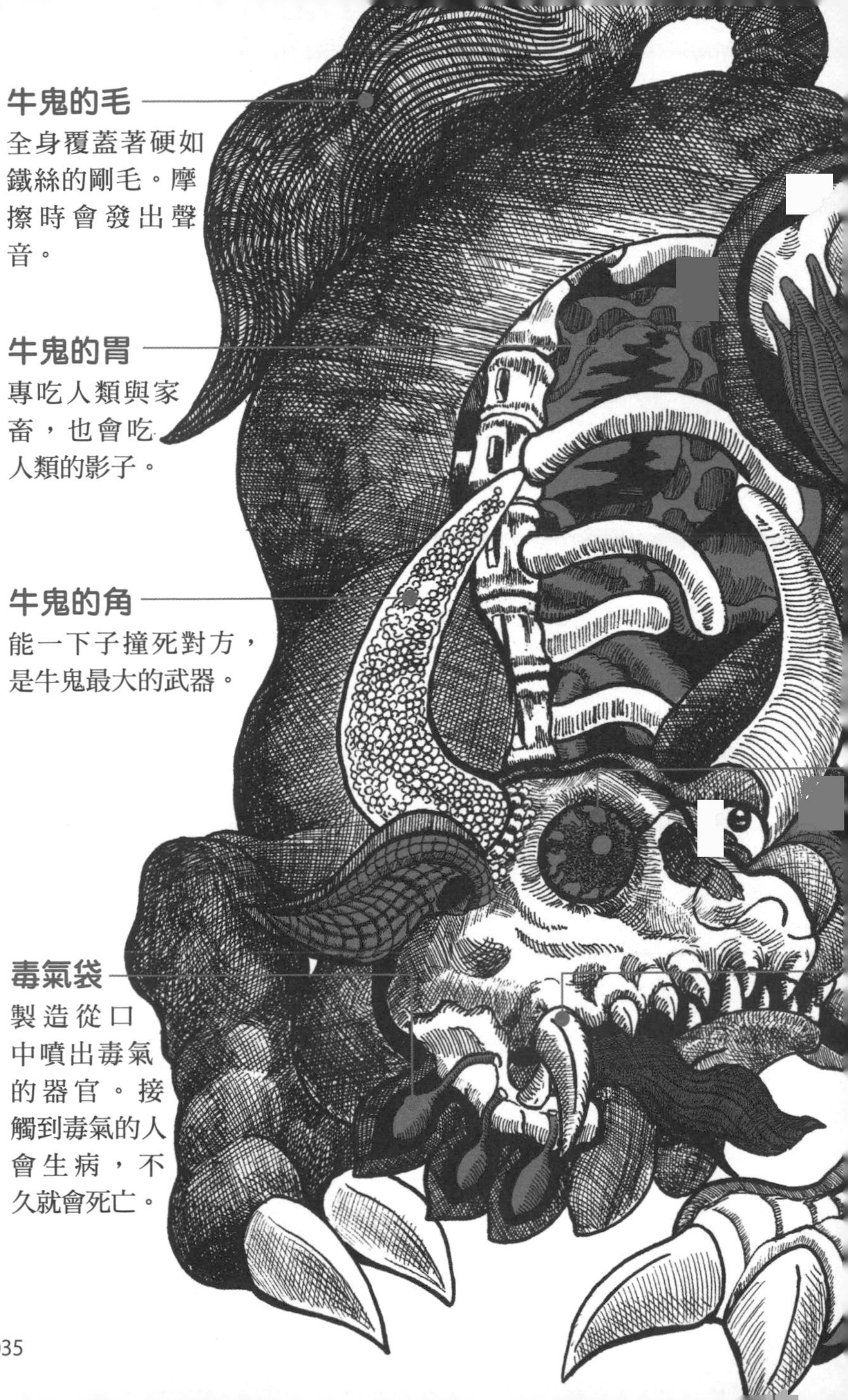
牛鬼的毛
全身覆蓋著硬如鐵絲的剛毛。摩擦時會發出聲音。
牛鬼的胃
專吃人類與家畜，也會吃人類的影子。
牛鬼的角
能一下子撞死對方，是牛鬼最大的武器。
毒氣袋
製造從口中噴出毒氣的器官。接觸到毒氣的人會生病，不久就會死亡。

其七

織布妖怪——女郎蜘蛛

能將蜘蛛絲捆住的獵物拖進水中

變身能力：★★★★☆

食欲：★★★★☆

怪力度：★★★☆☆

身高
3公尺
體重
65公克

女郎蜘蛛的胃
能吸收吃下肚後溶解掉的獵物。

卵量產器官
能源源不絕地產下小蜘蛛。

女郎蜘蛛的眼睛

擁有八顆眼睛，即使在水中和黑暗之中也能看得一清二楚。

毒腺

從牙齒注入毒液，溶解獵物。

女郎蜘蛛的心臟

位於背部的要害。此處被砍到就會死亡。

絲腺

能製造強韌的蜘蛛絲。這種蜘蛛絲能將人類拖下水，亦可織成布。

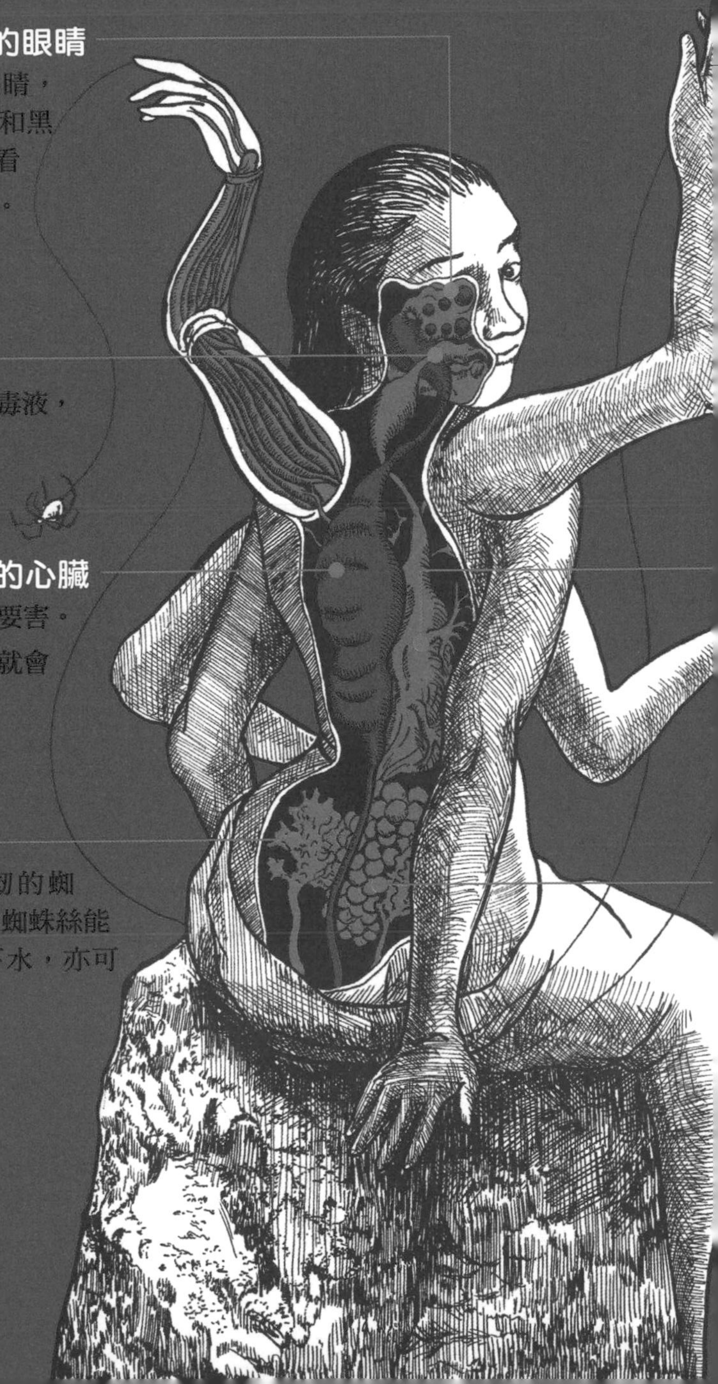

—其七— 織布妖怪・女郎蜘蛛

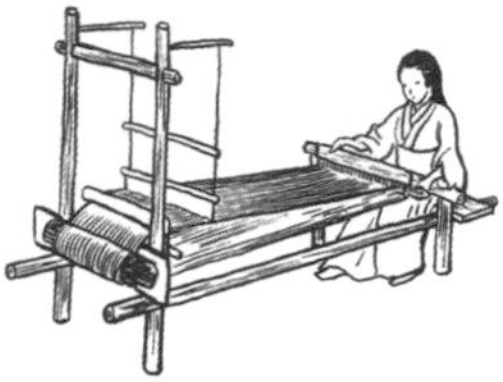

據說女郎蜘蛛會在水底，用蜘蛛絲織布。

化身女性，帶著小孩出現的女郎蜘蛛。

蜘蛛妖怪主要棲息在河川或深淵等水中。常以年約十四到二十歲左右女性的姿態現身。據說棲息在靜岡縣伊豆市淨蓮瀑布、宮城縣仙台市賢淵等的潛水型女郎蜘蛛，會利用小蜘蛛在來到附近的人類身上慢慢吐絲，等到蜘蛛絲變得粗而強韌時，便一口氣將人類拖進水中吃掉。

據說有一次，一名男子將纏在腳上的蜘蛛絲掛在身旁的樹墩上，只見樹墩立刻被連根拔起，消失在水中。「賢淵」這個地名，似乎就是源自拖人入水失敗後女郎蜘蛛說的這句話：「真聰明啊，真聰明。」

此外，也有女郎蜘蛛潛入遠離村落的荒廢神社中襲擊人類。有位年約二十歲左右、帶著小孩的婦人，出現在一名武士面前，說道：「他是你父親，讓他抱抱你。」便將小孩遞給武士。其實小孩的真面目是五輪塔，即使用刀砍，刀刃也會受損。女郎蜘蛛企圖趁此空隙，襲擊武士。沒想到武士先斬殺的不是小孩，而是母親，只見斷氣的母親變成了大蜘蛛，而神社的頂層內盡是人類的屍體。

女郎蜘蛛會在人心空虛時趁虛而入，靠著縝密的戰略攻擊人類，相當可怕。

出現地區：宮城縣、靜岡縣、岡山縣等

女郎蜘蛛抱著的小孩，其實是石製五輪塔。

—其八— 複製妖怪・阿瑪比埃

近年來，阿瑪比埃（amabie）常被誤叫做「甜蝦（amaebi）」。

也有說法認為，阿瑪比埃（amabie）的名稱可能是尼彥（amabiko）誤寫而成。

在江戶時代後期發行的瓦版（類似以前的報紙）上留下記錄的謎樣生物。

弘化三年四月中旬，肥後國（熊本縣）的海中每晚都發光，於是官員前去調查，這時自稱阿瑪比埃的怪物突然現身，牠對官員說：「從現在起將連續六年豐收，但也有疾病盛行，請將我的畫像拿給眾人看。」說完就在海中消失蹤影。

據說這名怪物有著一頭長髮，嘴似鳥喙，全身布滿鱗片，外型有如三隻腳的企鵝。

尼彥是種與阿瑪比埃非常相似的妖怪，不過尼彥的外形像猿猴，阿瑪比埃比較像鳥類或魚類。

據說神社姬與阿瑪比埃同為流傳到九州地方的怪物，在霍亂盛行時會現身，只要描繪其畫像，就能逃過一劫。神社姬擁有一頭長髮和蛇的身體，與阿瑪比埃一樣全身布滿鱗片。

說不定阿瑪比埃這種妖怪，就是像這樣匯集各種資訊而誕生的吧？妖怪或許也是透過傳聞和資訊的傳達而不斷進化的。

出現地區：熊本縣、長崎縣、佐賀縣
相似妖怪：尼彥、神社姬

據說神社姬有著蛇的身體，身上長有鱗片。

其八

複製妖怪——阿瑪比埃

全身發光出現在海中

有用度：★★★★★

人氣度：★★★★☆

可怕度：★☆☆☆☆

身高
60公分
體重
16公斤

阿瑪比埃的眼睛

擁有預見未來的能力。

阿瑪比埃的耳朵

在水中也能聽見沙灘上人類的腳步聲。

阿瑪比埃的鰓

在深邃海底也像在地面一樣呼吸自如的特殊呼吸器官。

鰾

內部充氣後，就能稍微浮游。

阿瑪比埃的腳

能運用三隻腳在水中悠游自如。會分泌出特殊液體，可在水面上步行。

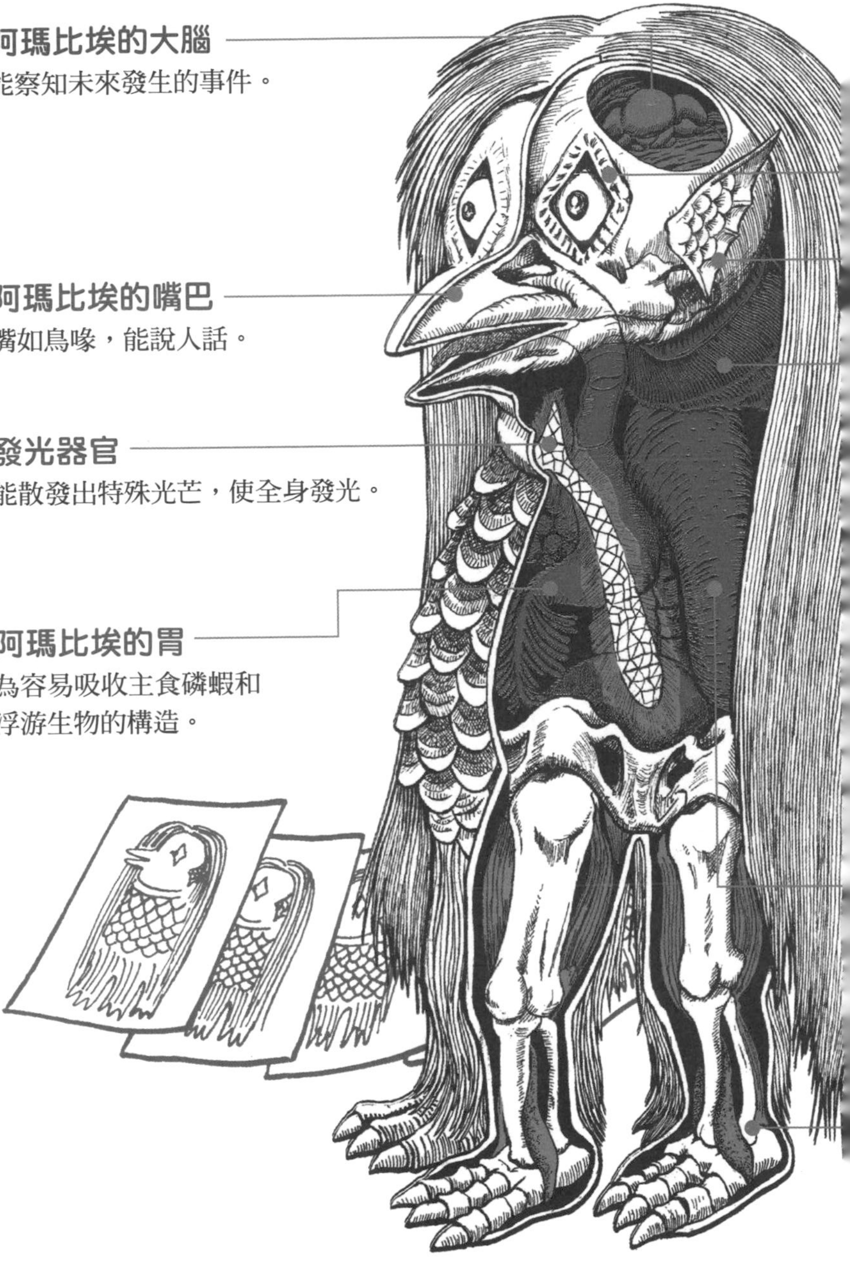
阿瑪比埃的大腦
能察知未來發生的事件。
阿瑪比埃的嘴巴
嘴如鳥喙，能說人話。
發光器官
能散發出特殊光芒，使全身發光。
阿瑪比埃的胃
為容易吸收主食磷蝦和
浮游生物的構造。

什麼是妖怪？

據說曾遭遇妖怪的野田元齋，留下了一份備忘錄，上面寫著「妖怪乃是擁有實體的未知生物」。

繼承了祖父留下資料的元三，在自己的研究成果中則主張妖怪雖有實體，不過能夠看得到、接觸到妖怪的僅限於極少部分人。而妖怪的實體，也會隨著遭遇的人、場所及時間等各項條件而有變化。

元三認為，所謂妖怪，乃是「人類將世上發生的不可思議及恐怖事物賦予名稱和形體的產物」。

舉例來說，當有什麼恐怖事件發生時，人就會感覺到一股無法言喻的不安和恐怖；一旦得知犯人是何許人之後，就能暫時感到安心。這是因為知道犯人的樣貌及犯罪動機後，就能抹去心中莫名的不安感。

以前的人面對莫名其妙的不安和恐怖，會姑且賦予名為妖怪的犯人形象，藉此掌握並說明未知的事物，好安下心來。換句話說，所謂妖怪，其實是人類與未知的恐怖共處的一種方法。

恐怖犯人（＝妖怪）就這樣被創造出形體，藉由口語相傳、文字記載或是描繪成圖的方式，流傳於後世。

認識妖怪不僅能知道當時的人們在害怕什麼，也能了解他們是如何應對的。

【所謂妖怪乃是將不可思議及恐怖事物賦予形體的產物】

山中的妖怪

其九

流動妖怪——山童

藉由惡作劇驚嚇人類

惡作劇度：★★★☆☆
易怒度：★★★★☆
親和度：★★★☆☆

身高
1公尺39公分到
2公尺40公分
體重
37公斤到
132公斤

山童的大腦

能夠理解人類語言並清楚記得約定。一旦被毀約就會大為光火。

變聲器

能隨心所欲變聲的器官。可用來模仿人聲或聲音。

鰾、脂腺

進入水裡時使用的器官。鰾能使身體浮起，而脂腺所分泌的黏液能保護皮膚。

山童的腳

能跑遍山野的強壯雙腿。到了春天，趾間會長出蹼。

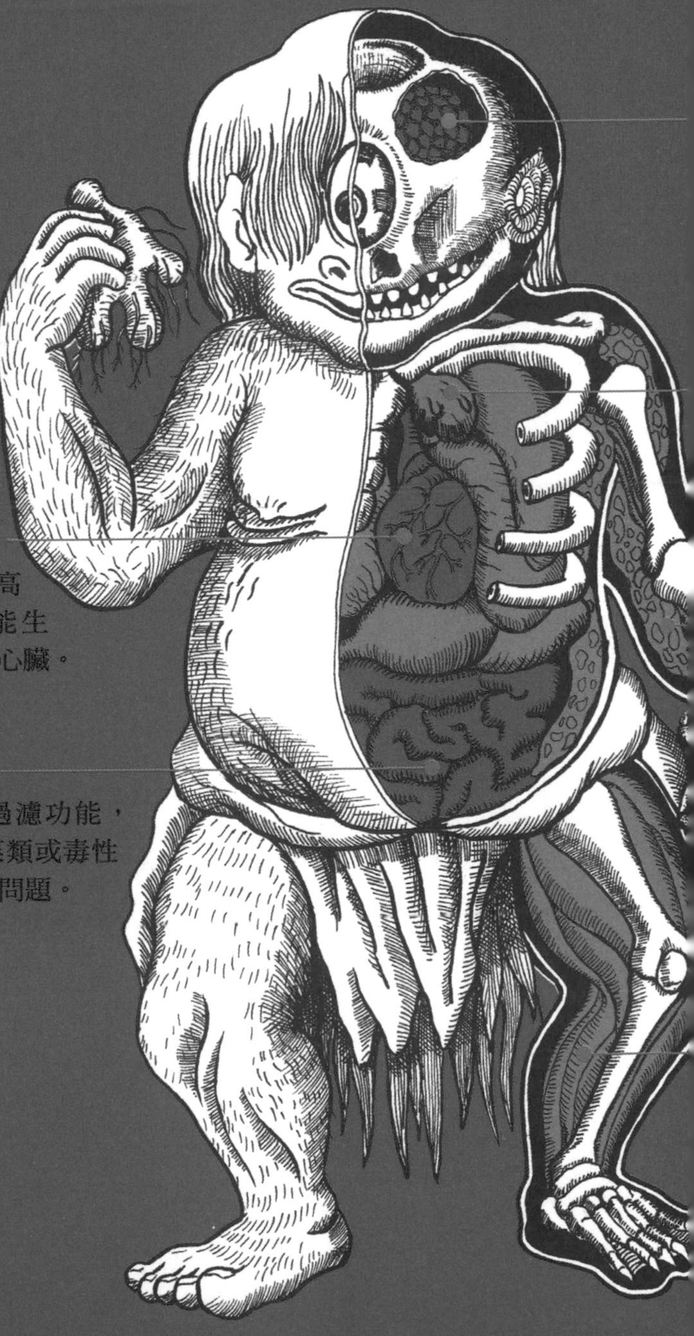

山童的心臟

擁有不論在高
山或水中都能生
活自如的強大心臟。

山童的腸

擁有強大的過濾功能，
即使吃下根菜類或毒性
強的植物也沒問題。

其九　流動妖怪・山童

河童於秋冬之際會進入山中，變成山童。

也有一說，山童其實是來自中國棲息山中的怪物，名叫山魈。

有時是十歲左右的小孩，有時則以超過兩公尺高的高大男子模樣現身，頭部平坦，獨眼，全身長滿毛髮，僅頭髮為紅色。平時以山芋、螃蟹及山桃等為食，居住在深山中。此外也喜歡糯米飯和酒。

山童擅長模仿人聲及聲音，常發出樹木倒塌或落石的聲音驚嚇人類。山童在山中常會誘騙或對人類惡作劇，但偶爾也會幫助人類，若受到幫助，不妨送牠飯糰和酒作為回禮。

隨地方不同，有的山童頭上有盤子，有的會央求玩相撲，因此也有山童其實是秋冬寒冷時期在山中生活的流動河童的說法。

山童在移動時有固定的通道，若在該通道上興建住家，就會發生晚上做惡夢等不吉利的事。此外，據說山童也會在夜晚時成群結伴到人類家中泡熱水澡，事後往浴桶一看，會發現上面浮著一層黏糊糊的油脂，而且臭氣薰天。

山童害怕木工工具中的墨斗和金屬，只要用墨斗劃線或是手拿金屬器具，牠就不敢靠近。

出現地區：高知縣、熊本縣、大分縣、宮崎縣
弱點：金屬、墨斗、猿猴

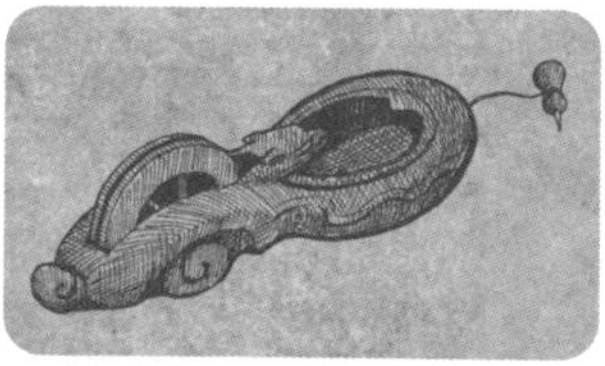

「墨斗」是使用染上墨汁的絲線，在木板上畫出直線的工具。

—其十— 加重妖怪・子泣爺爺

四國的山中有種獨眼獨腳的妖怪，名叫山爺。有說法認為，子泣爺爺可能與這種妖怪一樣都是獨腳。

在留下子泣爺爺傳說的德島縣三好市山城町，建有子泣爺爺的雕像。

在山中會發出嬰兒哭聲的妖怪。臉孔為老人，一旦被抱起就會死纏不放。若是無法掙脫就會變得愈來愈沉，無法動彈後，性命就會被牠奪走。

在德島縣和高知縣，也有同樣會發出嬰兒哭聲、要人揹牠的妖怪——「山爺」和「號哭怪」，據說與子泣爺爺有關係。

山爺又稱作「yamajii」或「山父」。其形象為高大的男人、老人或是小孩的模樣，獨眼獨腳。據說山爺會在山中留下足跡，或是在黃昏時出現在行人面前，纏著行人說：「揹我。」

號哭怪又稱「ongyanaki」或「ogyanaki」。與山爺一樣都會發出嬰兒哭聲，遇到人就要人揹，只要將其中一端的揹繩故意剪短或剪斷即可。

子泣爺爺很可能是上述妖怪的夥伴，或是匯集這類妖怪的要素所產生的妖怪。

而在青森縣東津輕郡平內町有文獻記載，有一種擁有嬰兒身體和老婆婆臉孔的妖怪，叫做「子泣婆婆」，現在正在調查牠與子泣爺爺之間的關係性。

出現地區：德島縣、高知縣
弱點：遭人無視、沒人願意抱牠
興趣：在山中大聲哭叫徘徊

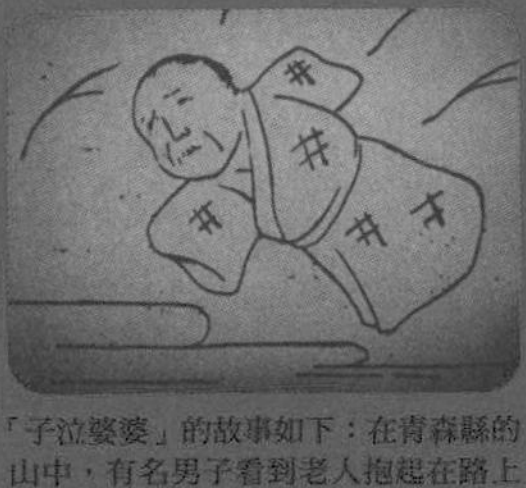

「子泣婆婆」的故事如下：在青森縣的山中，有名男子看到老人抱起在路上哭泣的嬰兒。男子也過去抱起嬰兒，沒想到嬰兒卻重到無法抱起。他一看嬰兒的臉，才發現竟是滿臉皺紋的老婆婆。

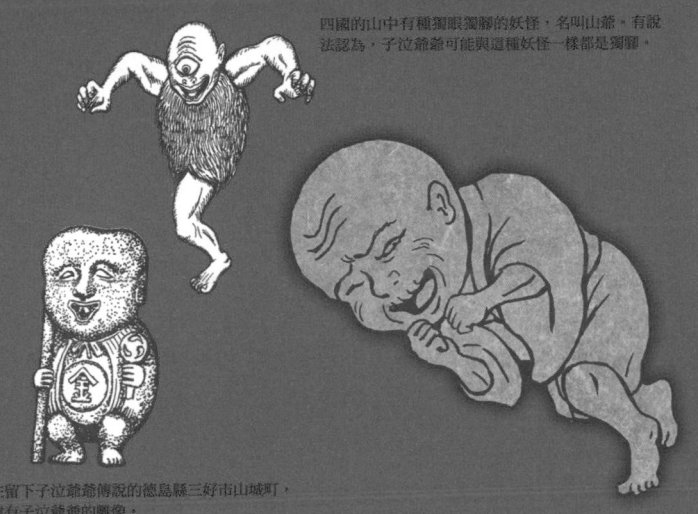

其十

加重妖怪——子泣爺爺

一旦被抱起就會死纏不放

可愛度：★☆☆☆☆
危險度：★★★☆☆
嗓門音量：★★★★★

身高 80公分
體重 10公斤到380公斤

子泣爺爺的大腦
腦中裝滿了在嚴峻山中生活所需的各種資訊。

子泣爺爺的耳朵
能聽見四公里外的聲音。可及早察覺到進山者的動靜。

子泣爺爺的手
擁有抓緊後就絕不放手的強大臂力。皮膚具備類似吸盤的功能，能緊貼在人身上。

子泣爺爺的喉嚨

可發出嬰兒般叫聲的器官。其叫聲之響，連遠在山腳之外也能聽到。

加重器官

能在腹中製造一種叫做「子泣石」的物質，數量愈多就會愈重。

子泣爺爺的腳

能走遍險峻山路的強健雙腿。一捶胸頓足就會引發地盤鳴動。

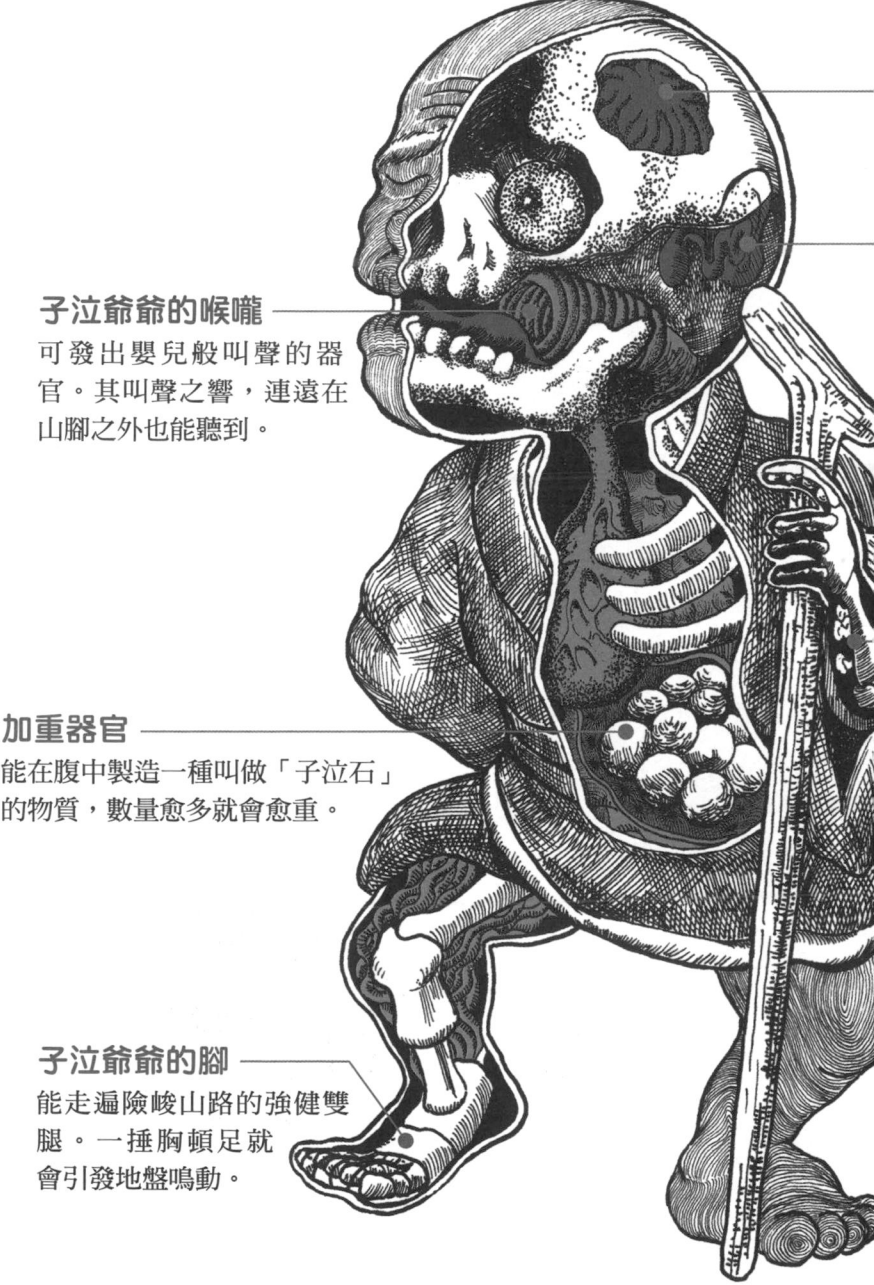

其十一

獄卒妖怪—鬼

揮舞碎金棒襲擊人類

兇暴度：★★★★☆

知名度：★★★★★

變身技術術：★★★★★

身高
2公尺到
3公尺
體重
150公斤到
200公斤

鬼的牙齒

出生時就長出來了。能將生物連骨頭整個啃碎。不怕熱，能夠叼著燙紅的鐵塊。

鬼爪

據說其三根利爪象徵三種惡德：「瞋恚（憤怒）」、「貪婪（欲望深重）」和「愚癡（愚蠢）」。

鬼的腳

擁有強健的腳力，一踏岩石就會產生凹洞。

碎金棒

又稱做鬼之金棒，是用地獄業火鍛造的鐵塊打造而成的打擊武器。重到人類無法搬動，而渾身怪力的鬼則能揮動自如。

鬼的肺

肺部強健到能在高山、地獄或地底生活。

變身細胞

能隨心所欲變化身體型態。有時會變成人類，有時能將身體變得扁平，藉此通過隙縫。

邪氣積存處

用來囤積世間萬物擁有的忌妒、怨恨、憤怒等負面情緒，作為力量來源。

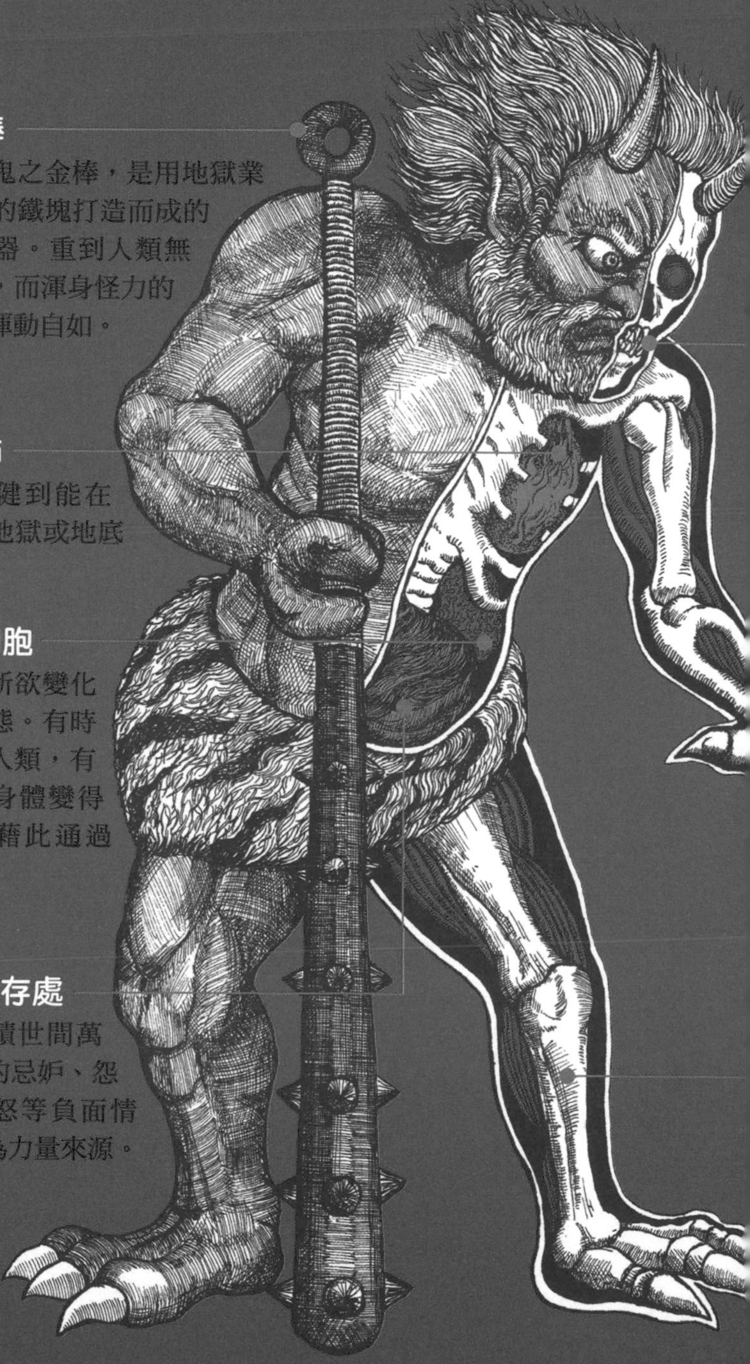

—其十一— 獄卒妖怪・鬼

日本有眾多名留青史的鬼。大江山的酒吞童子／上，酒吞童子的部下，茨木童子／中，元興寺的鬼／下。

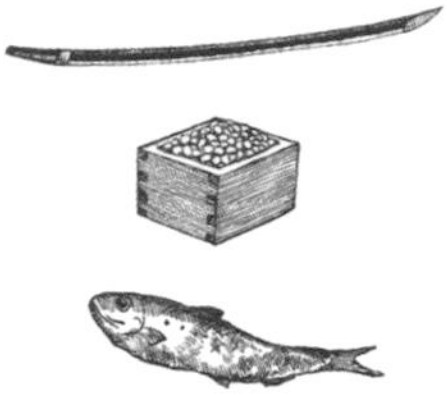

鬼討厭象徵「滅魔」之意的豆子和烤秋刀魚的味道。另外，棲息在大江山（現在的京都府）的鬼——酒吞童子被灌下能奪取鬼的力量的神變奇特酒後，就被銘刀安綱給殺死了。

日本的代表性妖怪，曾在眾多童話和傳說中登場。頭上長角，長有一口利牙和銳爪。擁有強韌的肉體，能輕鬆揮舞鐵製的碎金棒。平時棲息在遠離人類村落的山中，但會下山到村落襲擊人類。

而在地獄中，也有鬼在閻魔大王的手下工作，負責折磨亡者。由於工作上會用到灼熱的火焰，因此也有鬼擁有鍛鐵成刀的特殊技能。現在留傳在日本的火和鋼鐵相關技術，據說都是透過這些鬼流傳下來的。

鬼擁有變身自如的能力，有時會變身成俊男美女或老人，有時也會化身成水鳥、蜘蛛和鯉魚。此外，也有流傳這樣的事例：鬼的身體變得薄如木板，從隙縫入侵民家，將家中睡覺的人壓死。

鬼的外型可說是變化萬千，其實牠們原是沒有形體的靈體，後來才擁有實體。

鬼的外形極具特徵，其頭長牛角、腰穿虎皮褲的形象，乃是出自東北（丑寅＝牛虎）方位會有災難發生的印象。

出現地區：日本全國　弱點：柊樹、秋刀魚、豆子、銘刀、神變奇特酒
特技：能變身自如、揮舞碎金棒

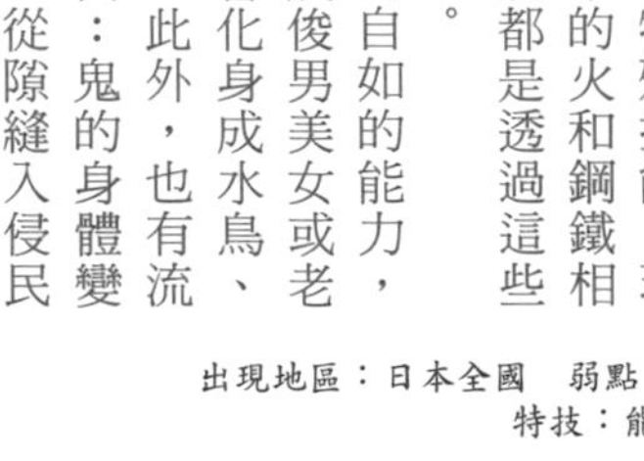

最近有鬼開始提供電話服務，代替父母斥責不聽話的壞小孩。

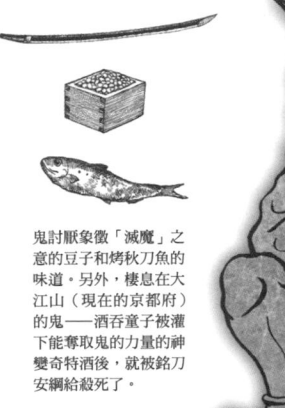

—其十二— 獨眼獨腳妖怪・一本踏鞴

在奈良縣伯母峰，流傳著一本踏鞴乃是背上長有矮竹的巨豬（豬笹王）亡靈所變成的說法。

負傷的豬笹王正在泡溫泉療傷。

出沒在位於奈良縣與三重縣交界的大台原，以及位於奈良縣與和歌山縣交界的果無山脈的妖怪。又稱作「一踏鞴」或「一本足踏鞴」。

據說一本踏鞴是有著圓如盤子的獨眼和獨腳的怪物，不過目擊者極為稀少。

十二月二十日被稱作「盡頭的二十日」，在這天入山就會遇到一本踏鞴。一本踏鞴平時不會危害人類，唯獨在這天會襲擊人類，所以最好避免在這天入山。

一本踏鞴是藉由蹦蹦跳或是打滾的方式移動。蹬腳一跳約可移動一間到兩間（約一八二～三六四公分）的距離，著地時會在雪上留下長約一尺（約三十三公分）大的圓形足跡。

據說一本踏鞴乃是遭到處刑的罪犯身上的怨念所化成的妖怪，而在奈良縣伯母峰，也留下一本踏鞴乃是背上長有矮竹的巨豬——豬笹王的亡靈化身而成的說法。

據說豬笹王遭到獵人以火繩槍擊中後，化成人形到溫泉療傷，沒想到在睡覺時卻被發現真面目。其後，豬笹王的亡靈就變成了獨腳怪物，到處發威襲擊人類，最後被一位名叫丹誠上人的高僧所封印。

出現地區：和歌山縣、奈良縣
特技：身輕如燕地穿梭山路

從以前在大台原就有販售各種一本踏鞴玩偶，作為避邪伴手禮。

—其十二—

獨眼獨腳妖怪——一本踏鞴

在十二月二十日會現身襲擊人類

稀有度：★★★★☆
跳躍力：★★★☆☆
外觀奇特度：★★★★☆

身高
2公尺80公分
體重
250公斤

一本踏鞴的頭
頭蓋骨相當堅硬。其頭槌威力強大，足以粉碎岩石。

平衡器官
即使在空中翻轉一圈也能維持平衡感。

一本踏鞴的腳
宛如強力彈簧般的腳力，蹬腳一跳就超過三公尺以上。

一本踏鞴的眼睛

原本有兩隻眼睛，但僅其中一眼進化。擁有在暴風雪中也能眺望遠方的視力，不過只能筆直看前方。

一本踏鞴的胃

平時吃竹筍和菇類，不過在盡頭的二十日兇暴化時也會吃人。

・一本踏鞴的腳型

在降雪隔天的早晨，會在圓木上留下印章般的足跡。

其十三

暴食妖怪——畏畾

不論野獸或人類，什麼都吃

認知度：★★☆☆☆
暴食度：★★★★★
靈巧度：★★★☆☆

身高
5公尺
體重
600公斤

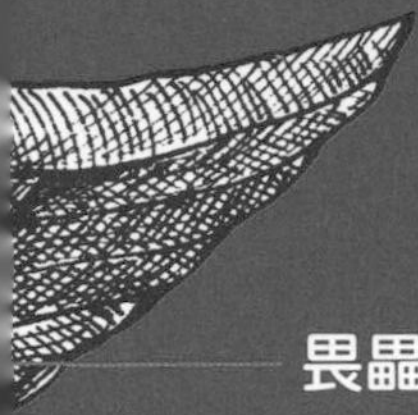

畏畾的翅膀

能從岩場的巢穴起飛去狙擊獵物，還能突然刮起暴風。

畏畾的胃

以肉食維生，只要是生物，什麼都吃。最愛吃鼹鼠。

畏畾的皮膚

覆蓋著毛髮的皮膚相當厚實，雄性膚色為土色，雌性則是紅色。

畏罍的爪

在三十公分厚的岩塊也能擊出凹洞。能用爪尖將鼴鼠挖出來，相當靈巧。

畏罍的腸

再堅硬的骨頭都能消化掉。其糞便不僅量大，還臭氣薰天。

—其十三— 暴食妖怪・畏畾

根據繪卷所描繪的姿態，人們認為畏畾是妖怪化的蟾蜍。

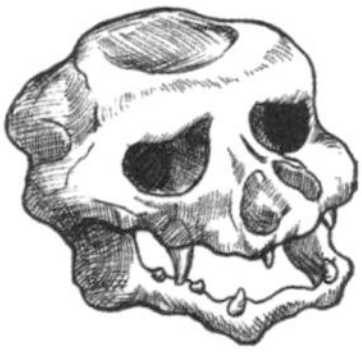

頭蓋骨標本。擁有一口銳牙和強而有力的下顎。

在江戶時代的繪卷，畏畾被描繪成匍匐於地面的怪物。特徵是前腳帶有鉤爪。有的繪卷將畏畾的體色畫成綠色，因此有說法指出畏畾可能是年久成精的蛙妖。

古老的畫中並沒有畫出畏畾的下半身，所以無法得知其全身樣貌，不過昭和時代後出版的妖怪圖鑑中，將畏畾的樣貌描繪成西洋的獅鷲或奇美拉那樣長有翅膀的猛獸。難以分辨出是鳥是獸。

畏畾平時棲息在山中的岩穴，以鳥獸為食，偶爾也會襲擊、啃食人類。

本書中的畏畾也長有翅膀，其身體與其說像青蛙，更接近牛，亦長有尾巴。有學者將畏畾視為近似奇美拉的妖怪，認為畏畾（waira）這個名稱是取鷲（washi）、豬（inoshishi）、獅（raion）的第一個音組合而成，不過這種說法並沒有廣為流傳。

這張解剖圖據說是野田元齋所繪製的。元齋曾親眼見過畏畾，聽說他所遇到的畏畾在山中以鼹鼠為食。而針對此一充滿謎團的妖怪，他還詳細記載著雄性膚色為土色，雌性為紅色等資訊。

出現地區：茨城縣　弱點：沒有東西可吃　喜歡的東西：肉類（動物和人類）

昭和時代的妖怪圖鑑中，將畏畾記載為擁有獅子和熊的身體，雕的翅膀，高五公尺的巨大妖獸。

東京都青梅市一帶出現了被稱作「雪座頭」的雪女。座頭指的是和尚，也用來指稱尼僧（尼姑），因此似乎是做和尚打扮的雪女。

有的雪女會抱著小孩，也有在雪女會在滿月之夜帶著許多小孩現身。雪女的小孩被稱作「雪童」，近年來大多被描繪成戴斗笠的妖怪。

肌膚白皙透明，身穿白色和服，出現在下雪天的女妖怪。雪女會吸取人類精氣或是使人凍死，就算看到了也千萬不能跟牠搭話。雪女的名稱和性質會隨地區而有不同，像是「雪女郎」、「雪女子」、「雪座頭」等。有的雪女會帶著小孩，拜託路過的人抱孩子，若是不慎抱起小孩，小孩就會變得愈來愈沉重，不久就會被雪掩埋而喪命。這時，只要叼著小刀抱小孩，使小刀指向小孩的頭，就能逃過一劫。雪女與「產女」有些類似，不過雪女的小孩不僅會變重，身體也會跟著變大。

雪女會奪走每個遇到牠的人的性命，不過如果遇到年輕男子，只要男子遵守不會告訴任何人看到雪女的條件，牠就會網開一面。

不僅如此，也有雪女遇到心儀的男性，過幾天就會變成人類，上門要求嫁給男子。只要能遵守約定生活，雪女不僅性情溫順，又能生兒育女，一起共組幸福家庭。可是一旦忘記約定，對他人提起遇到雪女的事，雪女就會奪其性命，或是將孩子留下，回歸山中。

雪女很怕熱，強制牠洗澡或靠近火源，就會融化消失。

在東北地方和新潟縣，有種由冰柱化成人形的妖怪「冰柱女」，據說是雪女的夥伴。

應對方法：不要跟雪女搭話，也不要讓路，快速跑步穿過。
一起生活時不要請雪女洗澡，終生堅守與雪女的約定。

也有雪女只有一隻腳的說法。可以看出雪女這個妖怪與山神的關係相當深厚。

其十四

冷凍妖怪—雪女

出現在下雪天的雪白肌膚女人

身高
1公尺45公分到
3公尺
體重
45公斤到
130公斤

冰冷度：★★★★★
深情度：★★★☆☆
美貌度：★★★★☆

雪女的心臟

類似雪女的核心。如同形成雪結晶一樣，以此為中心來形成肉體。

在昭和時代的特攝節目當中，也出現了巨大化的雪女。對於生命力來自雪山龐大能量的雪女而言，說不定真的能夠隨心所欲改變身體大小。

雪女的腳

在雪地上也能安靜迅速地步行。隨地方不同，有的雪女僅有一隻腳。

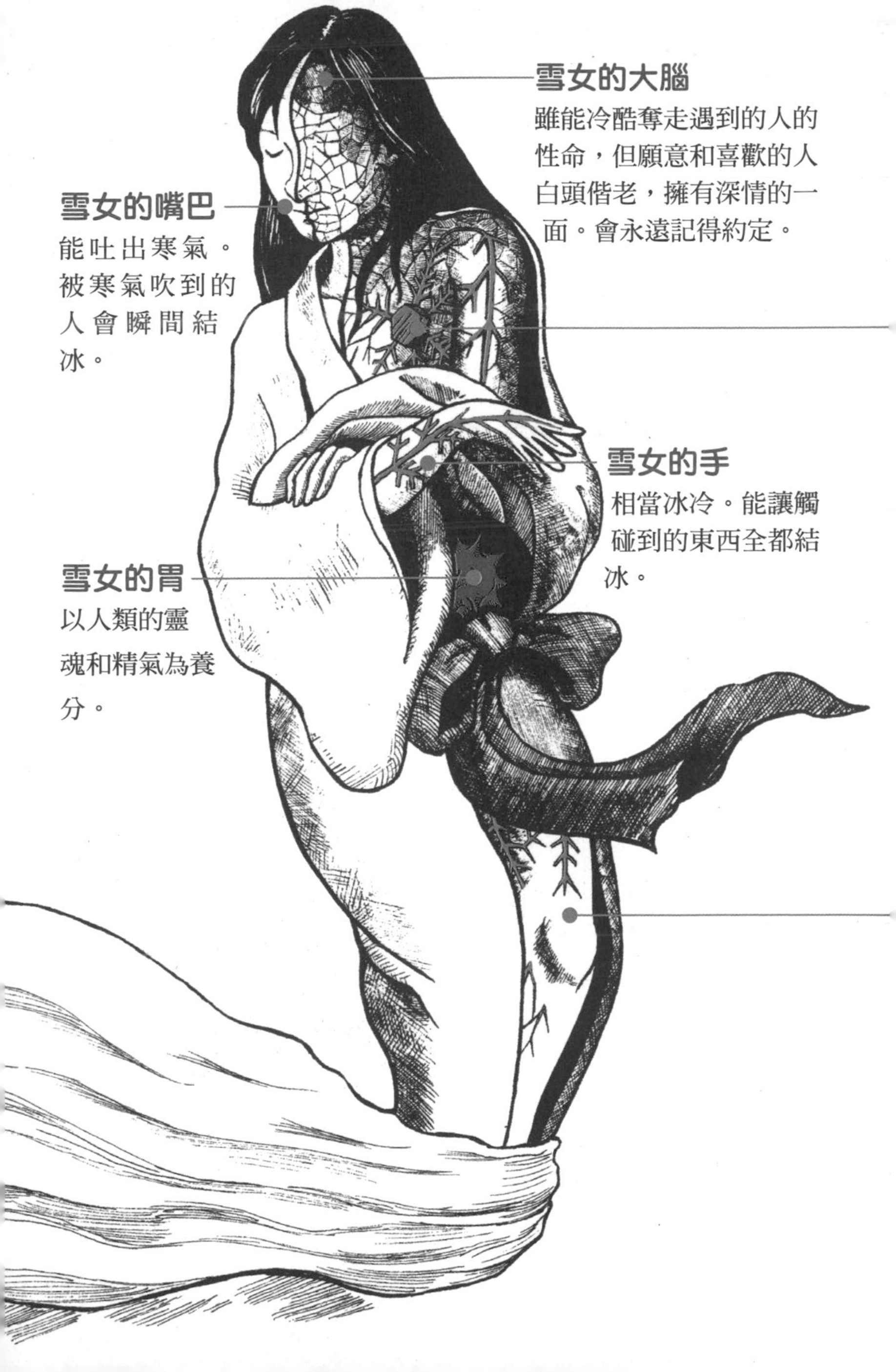
雪女的大腦
雖能冷酷奪走遇到的人的性命，但願意和喜歡的人白頭偕老，擁有深情的一面。會永遠記得約定。
雪女的嘴巴
能吐出寒氣。被寒氣吹到的人會瞬間結冰。
雪女的手
相當冰冷。能讓觸碰到的東西全都結冰。
雪女的胃
以人類的靈魂和精氣為養分。

其十五

灼熱妖怪——魃

能口吐熱風引發乾旱

跑步速度：★★★★☆

降水率：☆☆☆☆☆

熱血度：★★★★★

身高 40公分到60公分

體重 50公斤

魃所在之處總是天氣晴朗，不會下雨。

魃的肺

以風箱狀的肺吸入空氣，轉化成熱風後再吐出。

岩漿袋

貯存著岩漿般滾燙的血液。透過從這裡輸送血液，就能提昇皮膚所散發的熱氣溫度。

魃的腳

雖然只有一隻腳，卻擁有異常發達的肌肉，能像風一般四處奔跑。

魃的鼻子

能吐出熱氣，使草木枯萎。對於污水及腐敗物品等所發出的臭味相當敏感。

魃的手臂

焰氣環繞整隻手臂。凡是被手觸碰到的物品，都會燃燒殆盡。此外也相當靈巧。

魃的核心

位於腹部中心如同心臟般的器官。像小太陽一樣，總是熱烈地燃燒著。

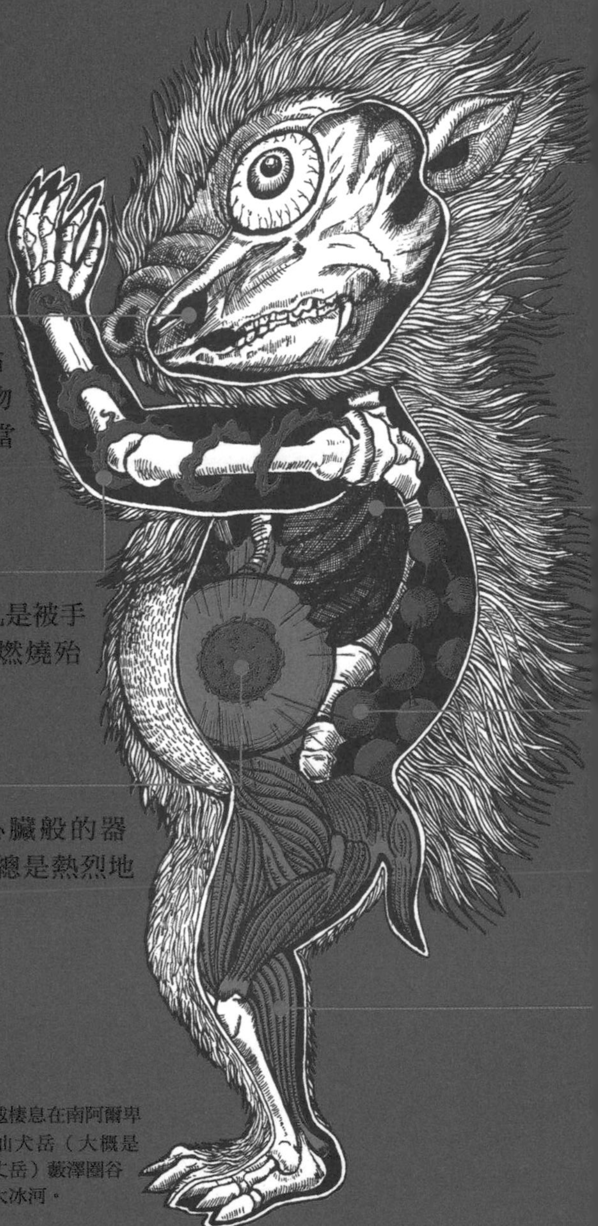

據說魃棲息在南阿爾卑斯山仙犬岳（大概是指仙丈岳）藪澤圈谷底的大冰河。

中國古老的圖解書中，將魃描繪成人面猴身、獨手獨腳的姿態。

魃只要被浸在污水中就會喪失力量，可以將牠丟到廁所。

魃是種會延續乾旱，引發旱魃的妖怪。

魃全身長滿毛髮，頭上長有獨眼，獨手獨腳，全身時常散發高熱。待在原地不動就能驅散雨雲，使大地中的水分乾涸。

魃原本是能召喚晴天的中國美麗女神「妭」。妭的體內蓄有大量熱能，因能消除風雨而受到眾人感謝，然而只要坐著不走，田地就會乾旱歉收，因而被關在北方的山中。偶爾下山來到村落就會引起旱魃，這時人們就會祈禱祂趕快回到山上。

由於受到眾人嫌惡，長期被關在山中的妭就變成了怪物。

魃能以疾風般的速度奔跑，所到之處滴雨不降，池塘河川也全都乾涸。

出現地區：長野縣、山梨縣　來源：中國
弱點：污水和骯髒的場所　應對方法：將牠關在遠離村落的山中

正因為魃原是能召喚晴天的妖怪，所以厭惡骯髒的事物，只要將牠浸在污水中就會失去能力。

由於魃動作迅速，想抓到牠並不容易，不過抓到後只要將牠丟進茅房（古時的非沖水式廁所）裡，就能制伏牠。

魃所到之處滴雨不降，連河川池塘都會乾涸。

—其十六— 魔道妖怪・天狗

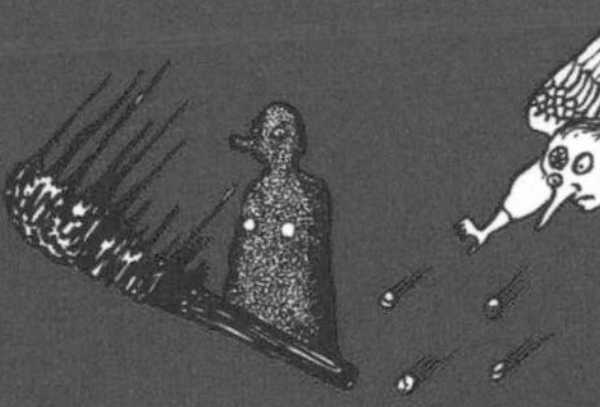

天狗會惡作劇，像是發射天狗礫石，降下石雨（右），或是發出樹木倒塌聲音的天狗摔跤（左）。

有人被天狗擄走後經歷一場奇妙的體驗，也有人學會了特殊能力。

擁有神通力的妖怪。天狗向來以赤臉長鼻，腳穿一齒木屐的形象聞名，其實也有口如鳥喙的天狗，或是外形與人類無異，如仙人般的天狗。

天狗能隨心所欲改變身體大小，小至罌粟籽大，大至幾十公尺高，只要披上特殊簑衣就能夠隱形。

天狗除了能揮動背部翅膀在空中飛行，擄走人類外，還能在山中發出砍倒樹木的巨響或是降下礫石雨等，引發各種怪異現象。此外，天狗能用手上的羽扇隨意操控風，還能發動雷鳴，引起火災。

天狗之所以擁有能引起天地異變的能力，據說是因為天狗其實是如同隕石般，從宇宙降臨的生命體。

出現地區：日本全國各地

弱點：像火繩槍發射的巨響、討厭鯖魚。當小孩快被天狗擄走時，只要說「我吃了鯖魚」，就能順利逃走　喜歡的東西：酒、烏龍麵、人類的糾紛、爭執

由於無法在地球上繁殖，才會將人類當成天狗扶養，藉此增加夥伴。文獻中也留下不少被天狗擄走後學會特殊能力的人、以人類之身變成天狗等記錄。

天狗在地球的山中找到棲身之地，便運用各種能力在人間引發災難，使人恐懼，但當中也有站在人類這邊，被奉為神明供奉的天狗。

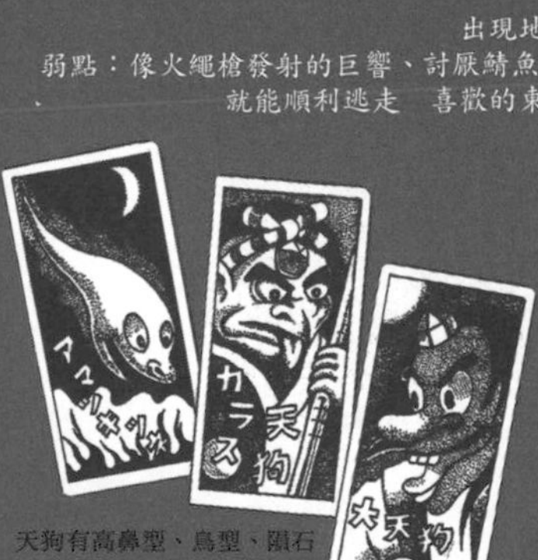

天狗有高鼻型、鳥型、隕石型等類型，其姿態會隨著目擊時期和場所而異。

其十六

魔道妖怪——天狗

用背部的翅膀飛翔，擄走人類

鼻子高度：★★★★★
自戀度：★★★★★
神通力：★★★★☆

身高
2公尺
（可從0.5毫米變高到50公尺）
體重
180公斤
（可從2公克變到45000噸重）

天狗的鼻子

鼻子愈高愈偉大，個性也會隨之變得相當自戀，盛氣凌人。

天狗的肝

以憎恨、忌妒等人類的負面感情為能量。

天狗的腳

蹬腳一跳就能跳上大樹頂端。

天狗的羽扇

使用天狗羽毛製成的扇子。具有強大妖力。不僅能刮風，還能隨心所欲操縱火焰。

天狗的喉嚨

天狗的笑聲能響遍山谷，咆嘯能響震天際。有時也會在山中發出樹木倒塌般的聲音嚇人。

礫石製造器

將體內陳舊物質固化成石頭的礫石，從掌中射出。

天狗的爪

其爪堅硬銳利。天狗會用岩石來研磨，使爪子更鋒利。爪子形狀如同史前巨齒鯊的牙齒。

妖怪與幽靈不一樣嗎？

日本民俗學之父——柳田國男曾說過，妖怪與幽靈是不一樣的。他針對兩者的差異如此寫道：「妖怪乃是依附在土地之上，出現的場所是固定的，只要避開這些場所就不會遇到妖怪；而幽靈則是依附在人身上，因此不論目標對象在何處都會現身。另外，在某種程度上，只要認不出妖怪的樣貌，妖怪就會被視為不存在，因此妖怪會在傍晚或黎明等天色昏暗的時間現身；至於幽靈，則會出現在夜深人靜的半夜時分。」

可是在最近的調查中，發現有幾點與上述定義不符。

野田元三將妖怪定義為「誕生自世上萬物的靈體存在」，似乎認為幽靈也包含在妖怪之中。不限於狐狸和狸貓等生物，包括石頭草木等在內，由世間的森羅萬物所變化而成的就是妖怪。當然人類也不例外。

幽靈乃是死者以生前的姿態現身，但有時死者也會樣貌巨變，以其他樣貌現身。例如被黑暗操控心智變成了鬼，或是因強烈憎恨變成了大蛇，這些都是明顯的例子。

人類也一樣，只要疏忽大意，就會變身成意想不到的妖怪，所以要特別注意。

【幽靈也是妖怪的一種】

路上的妖怪

其十七

疾風妖怪—鐮鼬

能在旋風中砍傷人類

銳爪度：★★★★★

速度：★★★★★

稀有度：★☆☆☆☆

身高
40公分
體重
700公克

鐮鼬的喉嚨

從口中吐氣就能刮起旋風。

營養袋

遍布全身，能儲存從人類身上吸取的血液以及使草木枯萎的陰氣等。

鐮鼬的鰓

能吸收大氣中的陰氣，並吐出空氣。利用鰓的噴射力，就能像氣墊船般浮在空中。

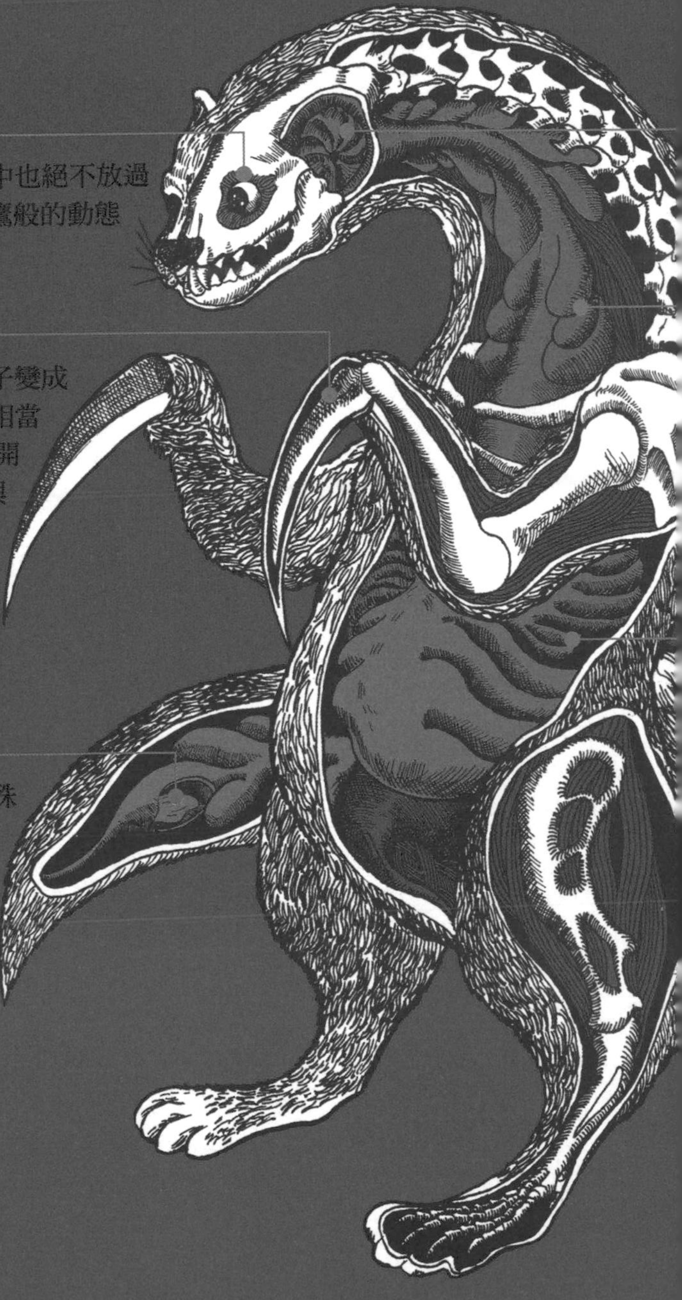
鐮鼬的眼睛
即使在旋風之中也絕不放過目標。擁有老鷹般的動態視力。
鐮鼬的爪
僅留下一根爪子變成鐮刀狀。爪尖相當鋒利，足以切開人類的細胞與細胞間的隙縫。
藥袋
能產生一種特殊液體，灑在被砍傷的傷口上就能瞬間止血。

其十七 疾風妖怪・鐮鼬

岐阜飛驒地方的鐮鼬為三隻一組一起行動。

江戶時代曾發生小孩被捲入旋風的事件，後來發現背部印有無數個疑似鼬的腳印。

在明治時代，鐮鼬現象被認為是旋風內部產生的真空狀態所引起的，後來發現這種說法並沒有科學根據。

隨著旋風而來，以銳爪砍傷人類，類似隨機殺人魔的妖怪。鐮鼬會潛藏在風中，砍傷被捲進風中的人類，不過傷口並不會疼痛，也沒有出血。如果身上出現毫無印象的傷口，那就一定是這個妖怪搞的鬼。

岐阜縣的鐮鼬為三隻一組一起行動。第一隻鐮鼬負責絆倒人，第二隻鐮鼬負責砍傷，第三隻鐮鼬則負責在傷口塗藥，所以傷口不會出血。

關於鐮鼬砍傷人類的原因並無定論，不過根據新潟縣等地留下的記錄來看，鐮鼬有可能是為了吸吮傷口滲出的血而砍傷人。

被鐮鼬砍傷的傷口疼痛時，可將古曆書放入懷中或是用來輕撫傷口，這樣就能緩和疼痛。另外可在傷口塗上燒焦的灰，或是將灰配水服用，傷口會較快痊癒。據傳在某些地方，不愛惜古曆書就會遇到鐮鼬，看來鐮鼬與曆書具備的咒力似乎有某種關係。

在明治時代，「鐮鼬傷人其實是旋風內部產生的真空狀態割傷皮膚的自然現象」，這種科學說法蔚為主流，使得鐮鼬的生存數量一口氣減少許多。

不過在近年發現，這種說法其實並沒有任何根據，這或許能稍微提升鐮鼬身為妖怪的存在感。

出現地區：日本全國各地
弱點：陽氣、憑自己的力量只能飛約三十公分高
應對方法：妥善保存並隨身攜帶古曆書

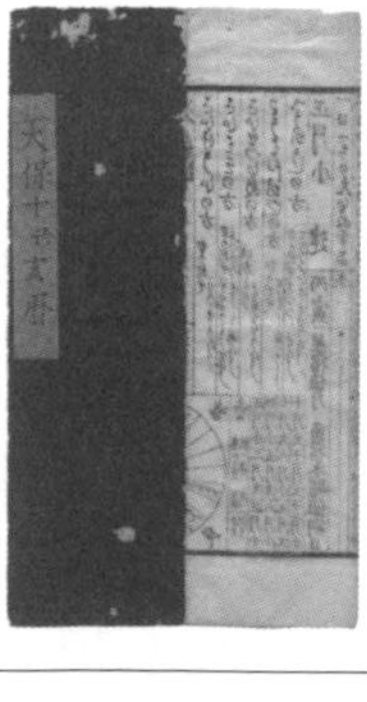

古曆書對鐮鼬造成的傷口相當有效。

—其十八— 犬形妖怪・脛擦

在昭和時代，原本是以狗形根付（譯注：江戶時代，用來懸掛隨身飾品的扣具。）為構想來描繪脛擦的形態，但由於參考的根付姿態很像貓，因此後來人們大多將脛擦當作貓形妖怪。

脛擦的同類有「股潛」和「脛轉」。

據說脛擦是外形像狗的妖怪，不過在岡山縣有漢町（現在的高粱市）則流傳著脛擦的真面目是狸貓的說法。

出現在岡山縣的犬形妖怪。脛擦總是在下雨的夜晚現身，鑽過人類的雙腿之間磨蹭脛部（指膝蓋到腳踝的部分）來驚嚇人類，因而得其名。據說脛擦這種妖怪是誕生自晚上幫父母跑腿的小孩的恐懼。

目前已知有脛擦出現的場所，有記載留下脛擦曾出現在岡山縣井原市一座名叫井領堂的小佛堂的記錄。

岡山縣內留下了「股潛」、「脛轉」和「koroobichi」等，可稱為脛擦亞種的妖怪傳說。這些妖怪都會纏著人的小腿周圍不放。

很多人以為脛擦除了磨蹭小腿外不太會惡作劇，不過看到解剖圖後就會發現，脛擦身上的每根毛髮都像端子一樣，從細胞延伸而出。因此，脛擦其實是透過磨蹭身體的動作，從人類身上吸取能量。之所以會在雨天現身，也是因為被水淋濕後能提高傳導率的緣故。

在沖繩縣有名叫「片耳豚」和「耳無豚」的妖怪，只要鑽過人類的胯下就能奪走人類的性命。脛擦與這兩種妖怪可能屬於同一類型，只不過脛擦所需的精氣不足以奪走人類的性命。

出現地區：岡山縣

應對方法：膝蓋以下做好萬全防備。不要在下雨的夜晚通過脛擦出沒的場所

片耳豚是種會鑽過人類的胯下，甚至奪走性命的豬形妖怪。

其十八

犬形妖怪——脛擦

會蹭人小腿驚嚇人類

纏人度：★★★★★

有害度：★☆☆☆☆

可愛度：★★★★☆

身高
50公分
體重
850公克

脛擦的眼睛

即使在黑暗中也絕不放過盯上的膝蓋。

能量袋

能吸收並儲存自人類身上吸取的精氣的器官。遍布全身各處，任何部位都能吸收精氣。

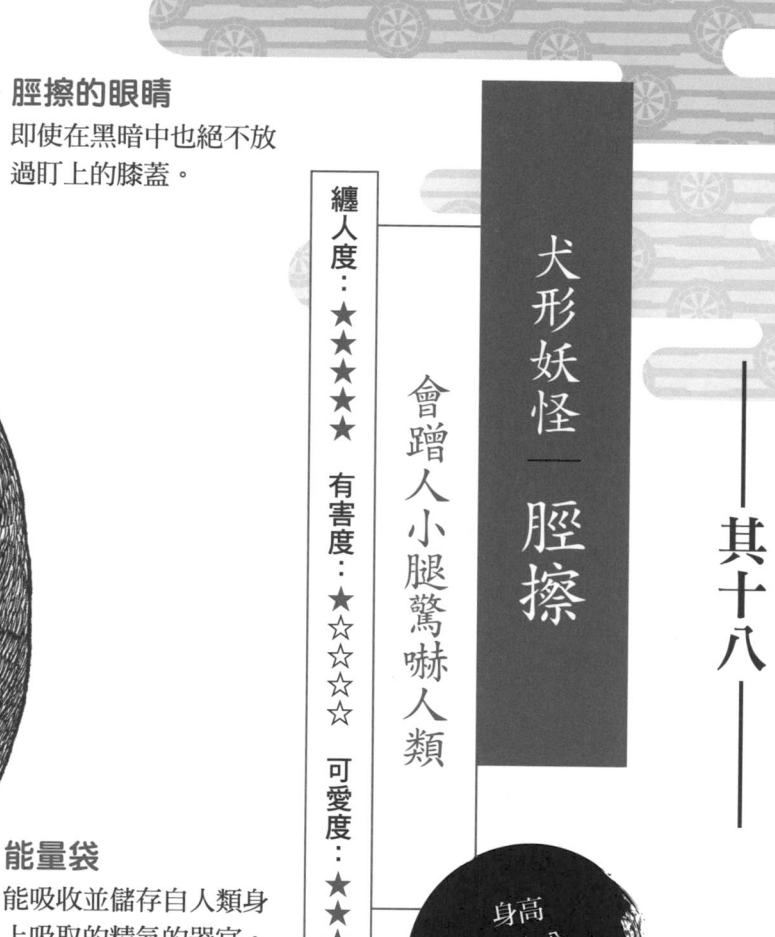

脛擦的毛

藉由磨蹭人類的身體來吸取精氣。另外也能釋放體內電氣，讓對方跌倒。

脛擦的鼻子

擁有在雨中也能嗅到人類氣味的敏銳嗅覺。

發電器官

能產生體內電氣的器官。一放電就能彈開觸電的對象。形狀類似古時鯊魚的牙齒。

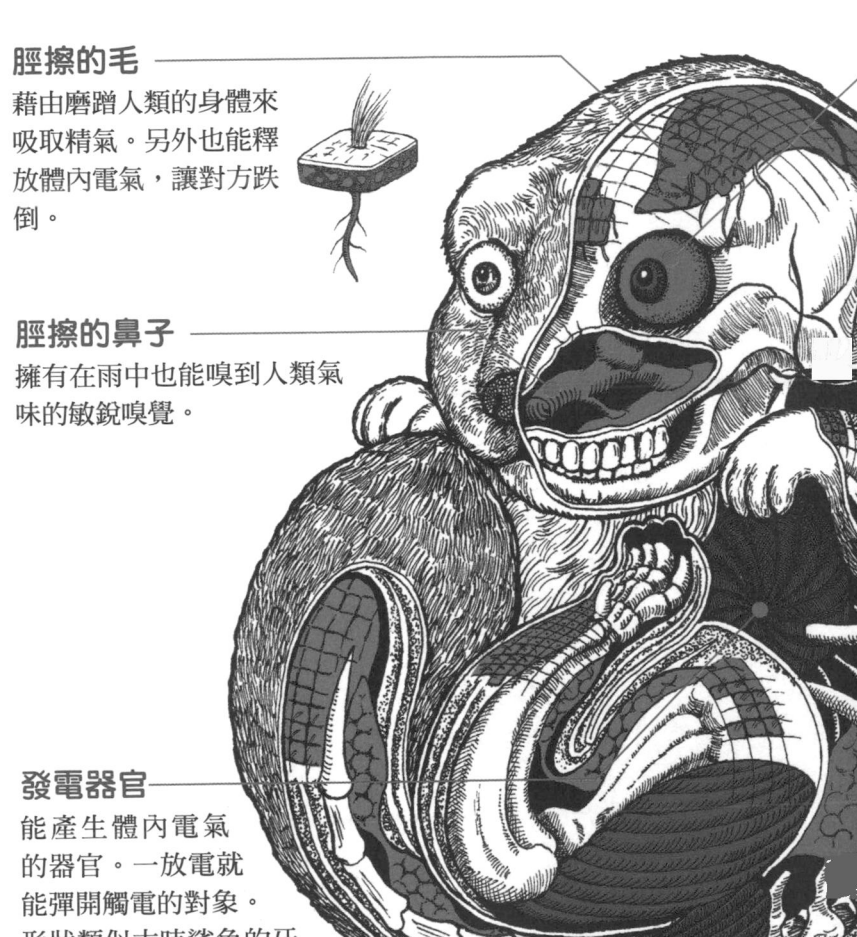

—其十九—

擋路妖怪—塗壁

會出現在夜路上阻擋行人的去路

防禦強度：★★★★★
計算速度：★★★★☆
嗅覺：★★★★☆

身高
縱長2公尺，
寬2公尺～10公尺
體重
250公斤

塗壁的細胞

接收到塗壁大腦下達的指令後，就會改變大小。由於左右幅度較寬，即使用木棒從上方扳開也沒有用。

塗壁的耳朵

喜歡安靜的地方，因此平時會以耳狀肉塊蓋住耳朵來隔絕外界的噪音。近年之所以會出現塗壁聽不見聲音的說法，似乎就是因為此一功能的緣故。

塗壁的鼻子

能藉由嗅覺察覺到人類的存在。討厭菸味。

塗壁的大腦

能計算路寬和空間寬度，並對細胞下達指令。

塗壁的眼睛

為了從各種角度掌握對象，會從細胞中不斷長出眼睛，隨後消失。

塗壁的牙齒

用牙齒刺進地面穩定身體。如果被塗壁擋住去路的話，用木棒扳開其牙齒即可。

—其十九— 擋路妖怪・塗壁

在漫畫家水木茂的筆下，塗壁作為壁狀妖怪的角色形象已深植人心。

也有塗壁的真面目是狸貓和鼬的說法。

近年來，塗壁被當成在人的心中製造隔閡的妖怪。

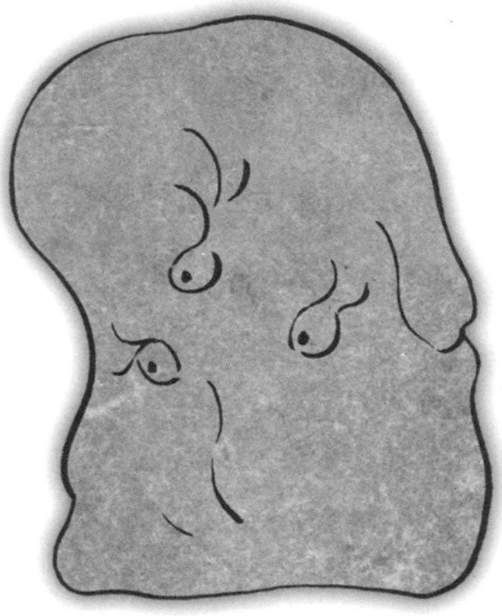

在九州地方流傳，出現在夜路上阻擋行人去路的妖怪。在筑前遠賀郡的海岸走夜路時，塗壁就會在前方變成一道牆。只要用木棒扳開下方，塗壁就會消失，而敲打上方不會起任何作用。

熊本縣的「塗壁」會在行人面前形成一道白色牆壁。由於看不到前方，勉強前進就會掉進水溝裡，只要平心靜氣做用手擦牆的動作，塗壁就會消失。

大分縣臼杵市有種妖怪叫做「壁塗」，一遇到這個妖怪就會看不見眼前的景象，這是因為狸貓或狐狸攤開其陰囊遮住眼睛的緣故，只要點火就行了。

諸如上述，有些地方認為塗壁的真面目是某種動物，不過看解剖圖會發現，塗壁看起來不像是任何既有生物。

與塗壁類似的妖怪有出現在長崎縣壹岐島的「塗坊」，以及在高知縣流傳的「野襖」。據說塗坊會突然從側面伸出，跳出來驚嚇人類，野襖則會在野間豎立一道如同隔扇的牆壁。

在夜晚不再伸手不見五指的現代，傳說中的塗壁活躍的場面大為減少，不過最近被當成在人的心中製造隔閡的妖怪，看來塗壁也隨著時代進化了。

出現地區：福岡縣、熊本縣、大分縣等
應對方法：在能通過前先抽根菸、用木棒扳開其腳下

出現在長崎縣壹岐島的妖怪「塗坊」。會突然從側面伸出現身。

其二十　木靈陰火・釣瓶火

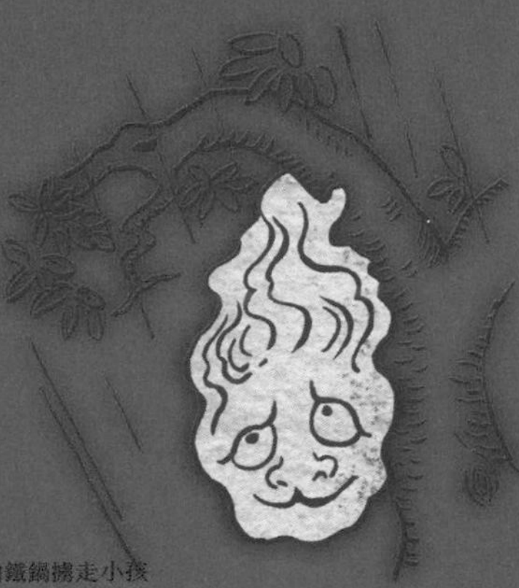

出現在京都府曾我部村寺田裡的釣瓶下，會從名為與力松的松樹上降下首級吃人。

據說釣瓶火的火焰乃是古老大樹的氣匯集而成的陰火。

會掉下燒得火紅的鐵鍋擄走小孩的「鍋下」（左），以及會掉下裝嬰兒用的竹籠（嬰兒籠）擄走小孩的「嬰兒籠」（右）。

「釣瓶落」（又稱作「釣瓶下」）是一種會從松樹、杉樹、櫸樹、日本榧樹等樹齡年長的大樹上掉下來，襲擊人類的妖怪。有時外形如吊桶，有時候也會以人類首級的姿態掉下來。釣瓶火從樹上降下時，口中會喃喃念著：「晚上工作做完了嗎？來放下吊桶吧！嘎吱嘎吱……」、「來放下吊桶吧！晚上工作做完了嗎？」有時也會提問。一旦被釣瓶落抓住，就會被吊到樹上吃掉。

很久以前，釣瓶落出現在京都西之岡（大概是指西院吧？），外形呈火球狀。雨天時，釣瓶下會以火球的姿態在大樹下垂直移動。這種妖怪似乎是由樹木產生的氣化作火焰所形成的。由於是陰氣，所以只會在雨天出現，且不會延燒到別處。

出現地區：據說釣瓶火出現在京都府。釣瓶落及釣瓶下據傳除了京都府外，也出現在愛知縣、福井縣、岐阜縣、滋賀縣等地。

應對方法：不要靠近樹下、隨身攜帶長期信奉的觀音像作為護身符，片刻不離身

有關站在樹下就有物品掉下來的怪異現象，可說是五花八門，像是會掉下熱水壺的「藥罐吊」、會掉下燒火鐵鍋的「鍋下」、會垂下白袋的「袋下」，以及掉下嬰兒睡覺用竹籠的「嬰兒籠」等，一般認為上述妖怪和釣瓶落屬於同類，只是型態不同。

江戶時代的繪師鳥山石燕將火球形釣瓶下稱作「釣瓶火」，以便與首級型態做區分。這或許是樹木產生的陰火與當地的恐怖事物融合所形成的妖怪。

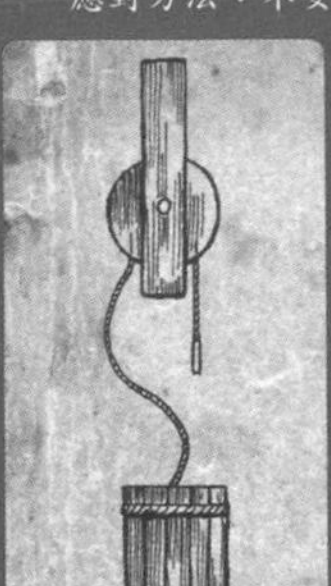

從水井汲水的道具——吊桶。

——其二十——

木靈陰火——釣瓶火

雨天時，會出現在大樹下吃人

危險度：★★★★☆
速度：★★★★☆
熱度：★☆☆☆☆

身高
可自由變化
身體大小
體重
無法測量

釣瓶火的心臟

釣瓶火的本體是由宿主樹木發出的氣所形成。總是以逆時針的方向旋轉，會隨場合不同而變化形狀。中心部分有個看起來像臉的器官。

釣瓶火的手

從本體各處冒出，如同觸手一般。一旦被碰到就會黏住，無法分開。

釣瓶火的嘴巴

用來吸收、捕獲獵物的器官。也能一口氣吞下人類。

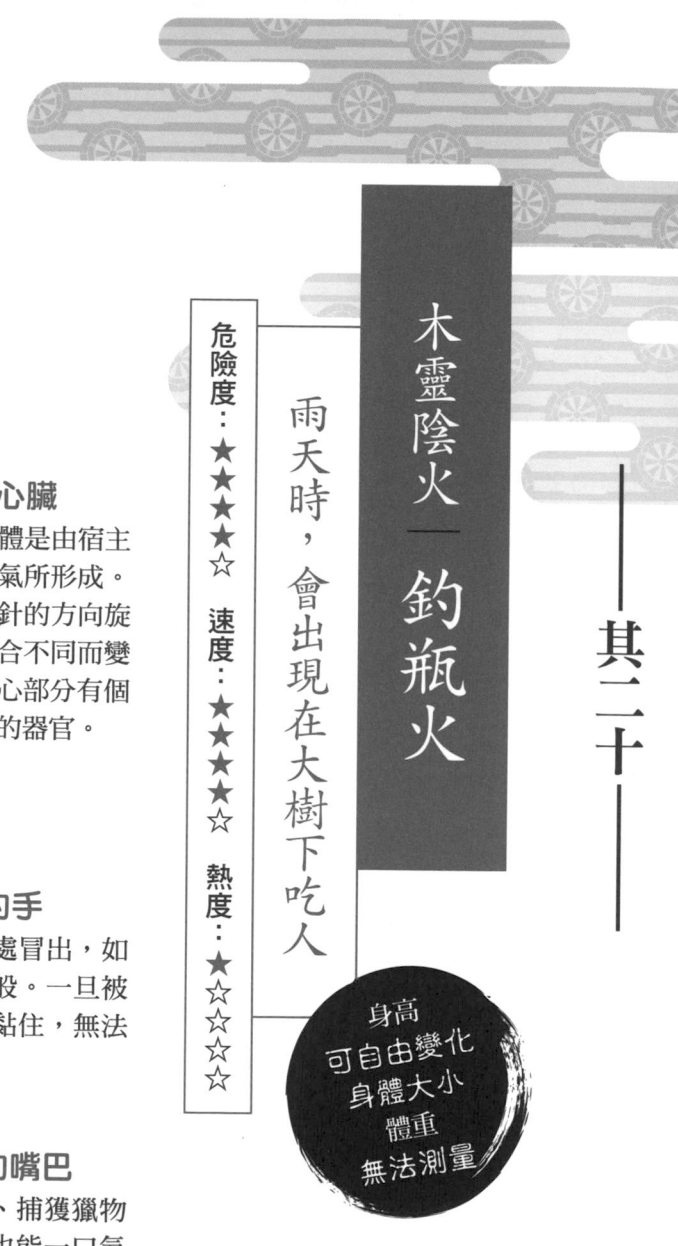

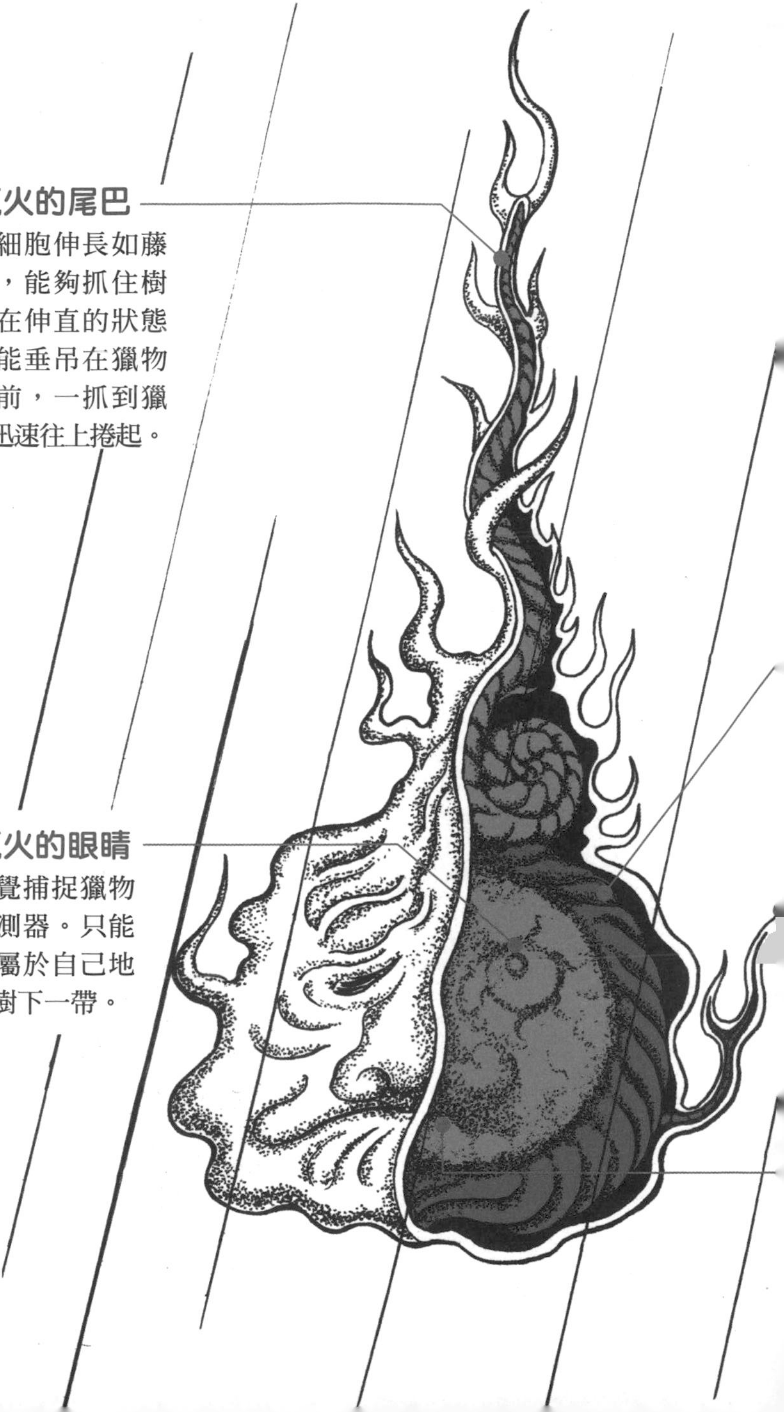

釣瓶火的尾巴

火焰細胞伸長如藤蔓狀，能夠抓住樹枝。在伸直的狀態下，能垂吊在獵物的面前，一抓到獵物便迅速往上捲起。

釣瓶火的眼睛

以視覺捕捉獵物的偵測器。只能看見屬於自己地盤的樹下一帶。

其二十一

巨大化妖怪——見越入道

透過不斷變大來驚嚇人類

神出鬼沒度：★★★☆☆　膨脹度：★★★★★　危險度：★★★★☆

身高
可自由變化身體大小
（愛知縣的見越入道為4公尺30公分高）
體重
無法測量

見越入道的頭
由鼬的尾巴所構成的頭。能只伸長頭部。

鼬的電力
藉由全身毛髮所發出的微弱電力建構出入道的形象。

鼬的牙齒
趁對方的注意力集中在不斷變大的見越入道上，抬起頭的瞬間，咬住對方的咽喉。

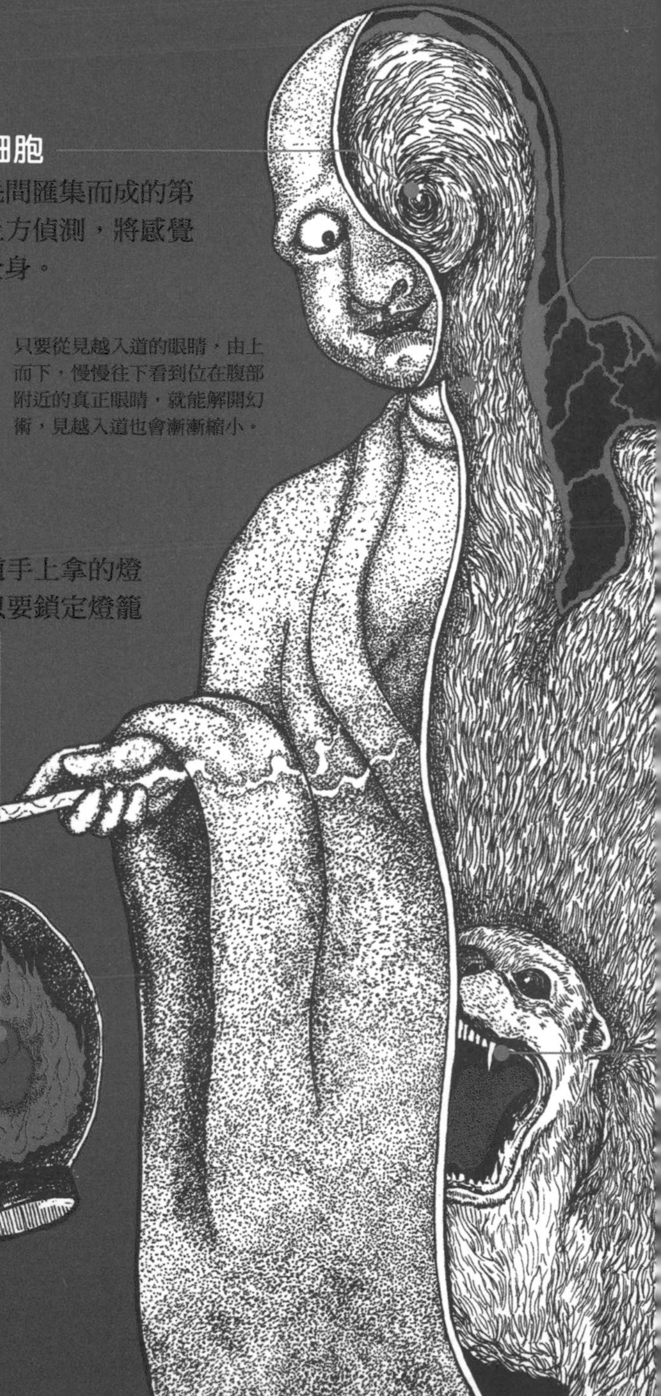

見越入道的細胞

由感覺敏銳的毛間匯集而成的第二隻眼。能從上方偵測，將感覺到的資訊傳遞全身。

只要從見越入道的眼睛，由上而下，慢慢往下看到位在腹部附近的真正眼睛，就能解開幻術，見越入道也會漸漸縮小。

鼬的心臟

轉移到見越入道手上拿的燈籠上。攻擊時只要鎖定燈籠即可。

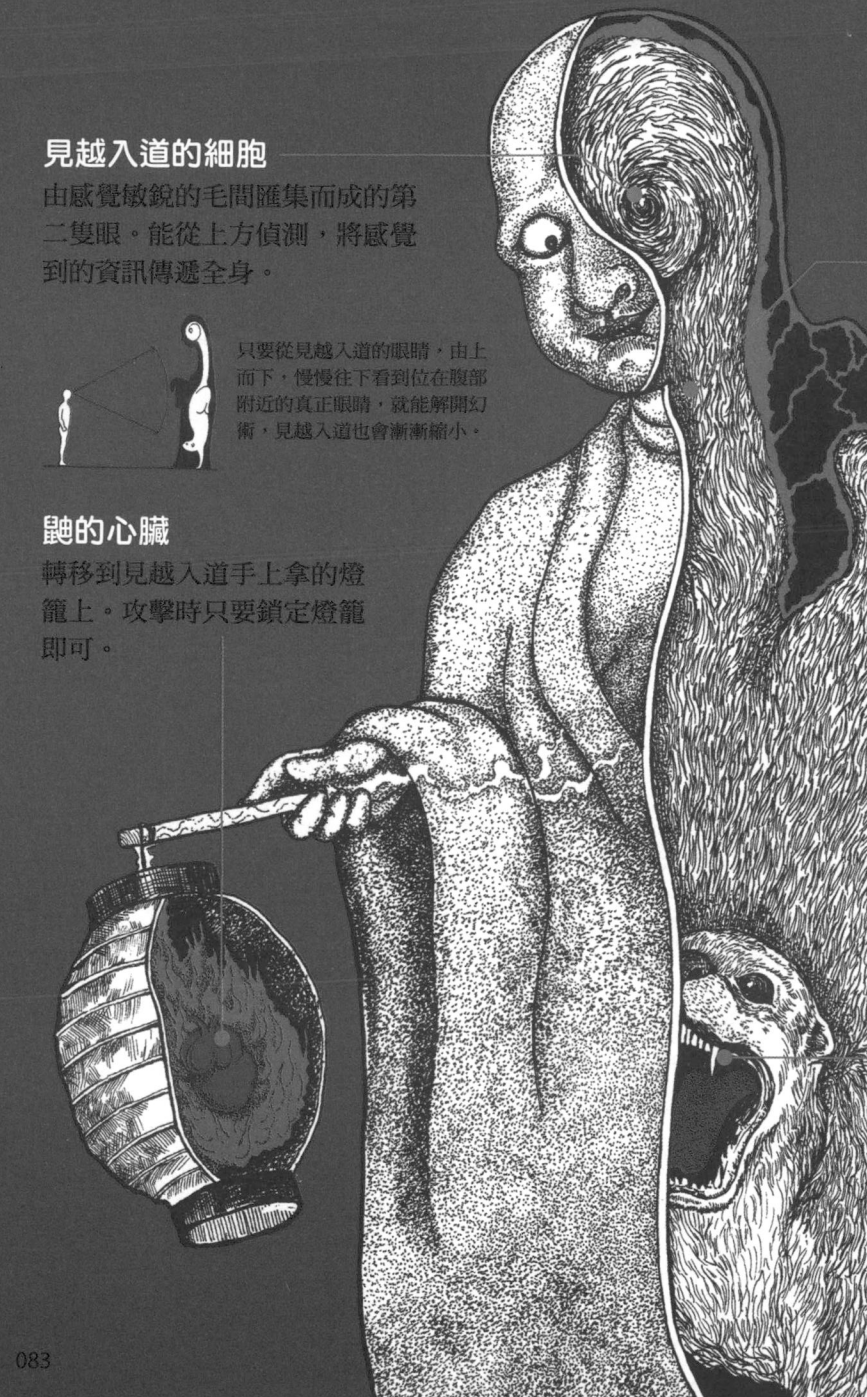

—其二十一— 巨大化妖怪・見越入道

見越入道除了會變大嚇人之外，有時也會從背後探頭窺視嚇人。

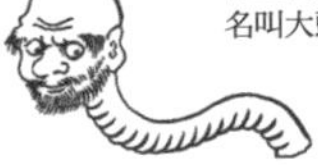

在江戶時代的故事當中，見越入道的形象變成長頸轆轤首般的姿態，成了妖怪的總座頭（首領），相當有人氣。除了妖怪部下之外，還有未婚妻暨妻子轆轤首，以及像豆腐小僧的孩子，名叫大頭小僧。

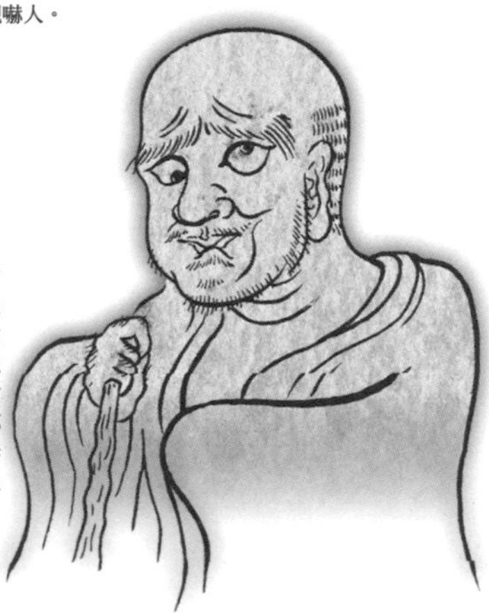

在福島縣、東京都、岡山縣及長崎縣等，日本各地都有留下傳說的僧侶妖怪。見越入道會出現在路上，起初個頭還很矯小，一旦看到牠，身體就會變得愈來愈高大。在佐渡島被稱作「見上入道」，在愛知縣也被稱作「入道坊主」。

一般而言，見越入道是種藉由巨大化來嚇人的妖怪，不過在故事中登場的見越入道有的也像轆轤首一樣能伸長脖子。出現在神奈川及愛知縣的則是一開始體型就相當巨大的見越入道。而出現在愛知縣大濱街道烏頭村（宇頭町）附近的是高一丈三、四尺（約四公尺三十公分）的大入道，雖然不會巨大化，卻會讓見者生病，奪其性命。除此之外，有的會讓人抬起頭摔倒、有的會趁人抬起頭時咬住其咽喉，也有會從背後探頭窺視的見越入道。關於見越入道的真面目，除了貉或鼬等的野獸說之外，也有地區主張其真面目是積雨雲。在解剖圖中，見越入道的內部構造是隻鼬，與福島縣的是同一種。

萬一被牠探頭看到，就會被奪走性命或是罹患疾病，這時只要念「我看穿見越入道了」，就能解開詛咒。

出現地區：日本各地

應對方法：從上往下俯視牠，對牠說「我看穿見越入道了」、「我看穿你了」、「我看到你了」等。當見越入道提著燈籠時，可瞄準燈籠攻擊、頭戴草鞋、吸菸、用剪刀將牠往上伸長的部位剪斷

據說見越入道的真面目是貉（左）與鼬（右）。

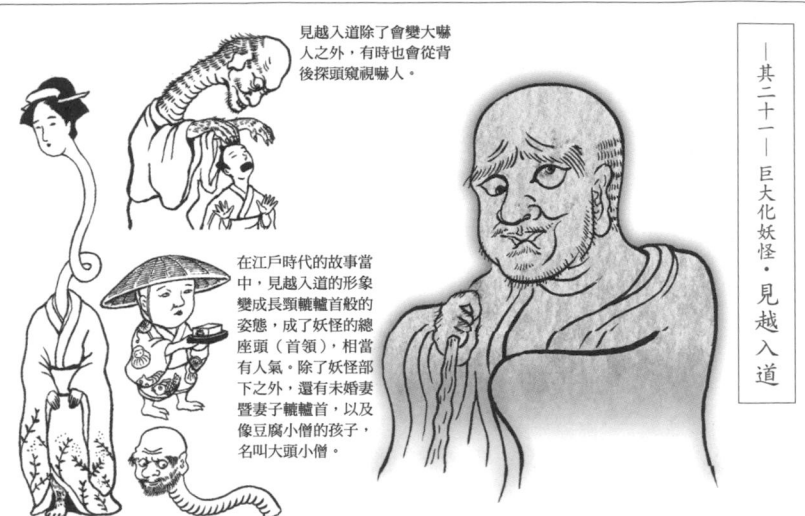

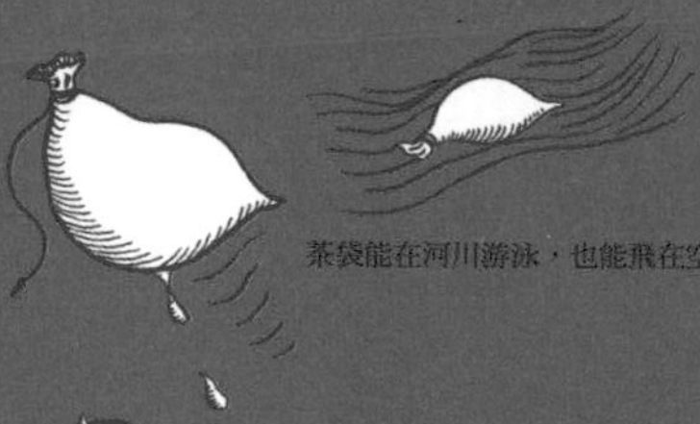

茶袋能在河川游泳，也能飛在空中。

也有地方將茶袋當作是狐狸的惡作劇。

遇到茶袋的人會罹患各種疾病。

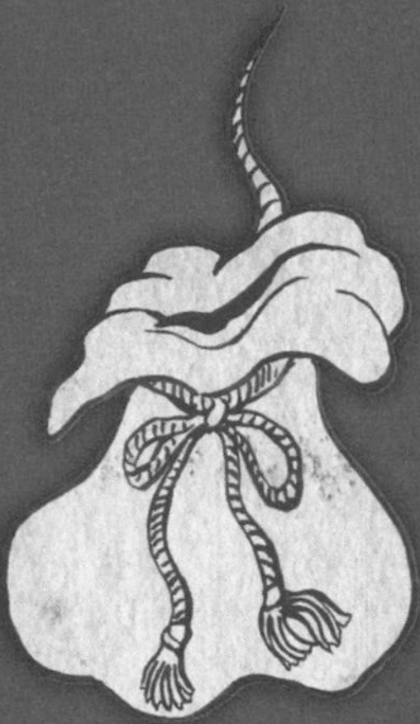

—其二十二— 垂吊妖怪・茶袋

「茶袋」指的是裝茶葉的袋子，或是煮茶用裝茶葉的袋子。有時會出現類似茶袋的物體從空中垂下的怪異現象。

在高知縣幡多郡奧內村，流傳著在陰森的場所會出現茶袋從空中垂下的「茶袋垂下」現象，遇到就會染病。而據說在土佐郡土佐山村的高山聚落裡，有一座名叫「Onbagahaka」的墓地，以及香川縣丸龜市場葭町正玄寺的槐樹，都會看到茶袋垂下。

上述地點的茶袋都是從空中垂下來，不過也有能飛天或是在水中移動的茶袋。

據說有人在和歌山縣印南川的瀧之口的橋免橋上目擊到「茶袋」，該茶袋在河裡變大膨脹，浮浮沉沉。由於看了令人毛骨悚然，因此他直接過橋，沒想到這會在淵尻附近感覺到後頸有些涼涼的。他抬頭一看，竟看到茶袋浮在空中，還滴著水。

野田提到，某些地區素有將具除臭效果的茶袋與遺體一起埋葬的風俗，也有地區流傳著茶袋掉落海中象徵不祥的迷信，因此茶袋本身就具備陰性要素，容易變成付喪神。

茶袋之所以會在潮濕或人煙稀少的場所出現，或許是因為容易吸收土地負能量的緣故吧。

出現地區：和歌山縣、香川縣、高知縣

應對方法：不要靠近陰氣重的場所。在茶袋出現的場所附近撐傘，通過時避免驚動牠

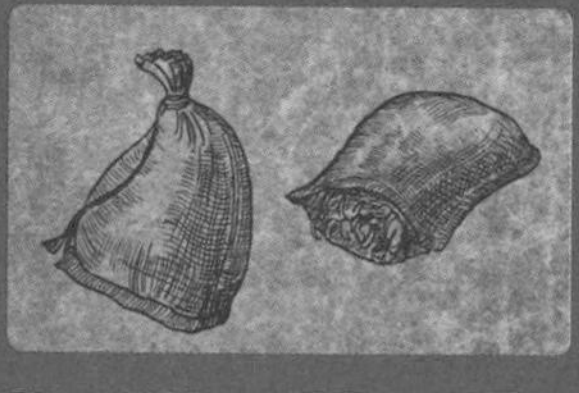

茶袋是用來裝茶葉煮茶的布袋。

其二十二

垂吊妖怪—茶袋

在陰森的土地上空出現

毛骨悚然度：★★☆☆☆

不可思議度：★★★★☆

危險度：★★★★☆

身高
19.5公分
體重
150公克

茶袋的爪

能用銳爪掛在各種場所。若大氣濕度達百分之八十，也能夠掛在大氣中。

毒袋

小小的袋中含有各種病菌。這些病菌會混入胃部的水中，自全身滴出或是從口中吐出，使人類染病。

茶袋腺

可將貯存的水噴出體外的洞孔。由於貯存的水相當冰涼，水一滴在後頸上，連摔角手也會涼到嚇一跳。

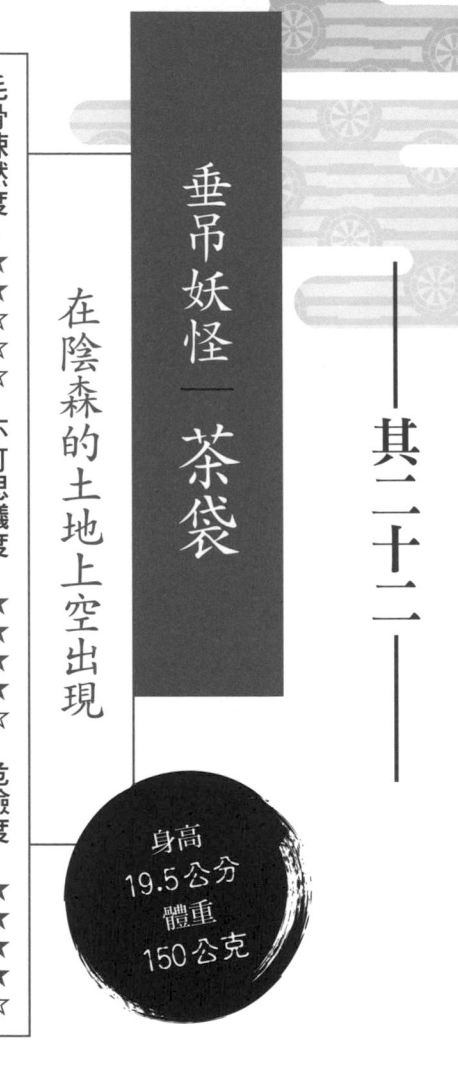

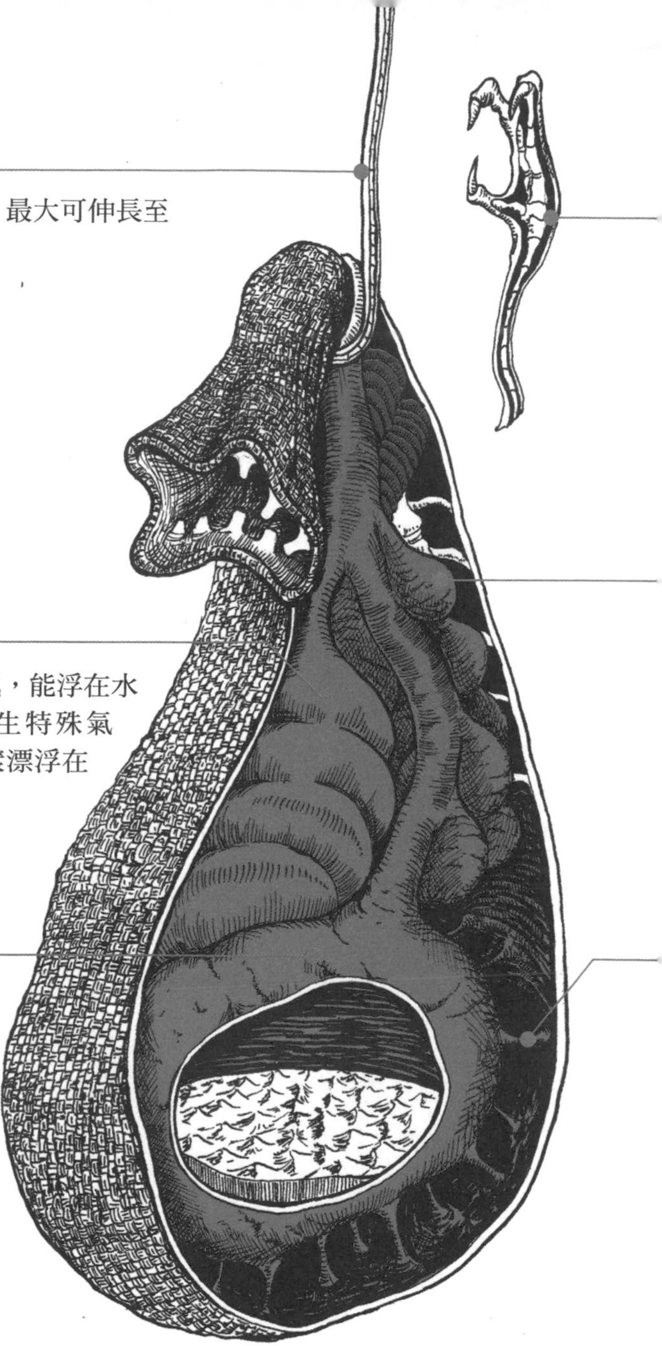

茶袋的手臂

收納在身體內。最大可伸長至十五公尺。

空氣袋

內部儲存有空氣，能浮在水中。可藉由產生特殊氣體，像氣球一樣漂浮在空中。

茶袋的胃

能將吞進去的水貯存起來。內部構造如同洞窟般，使水像地下水一樣常保冰冷狀態。

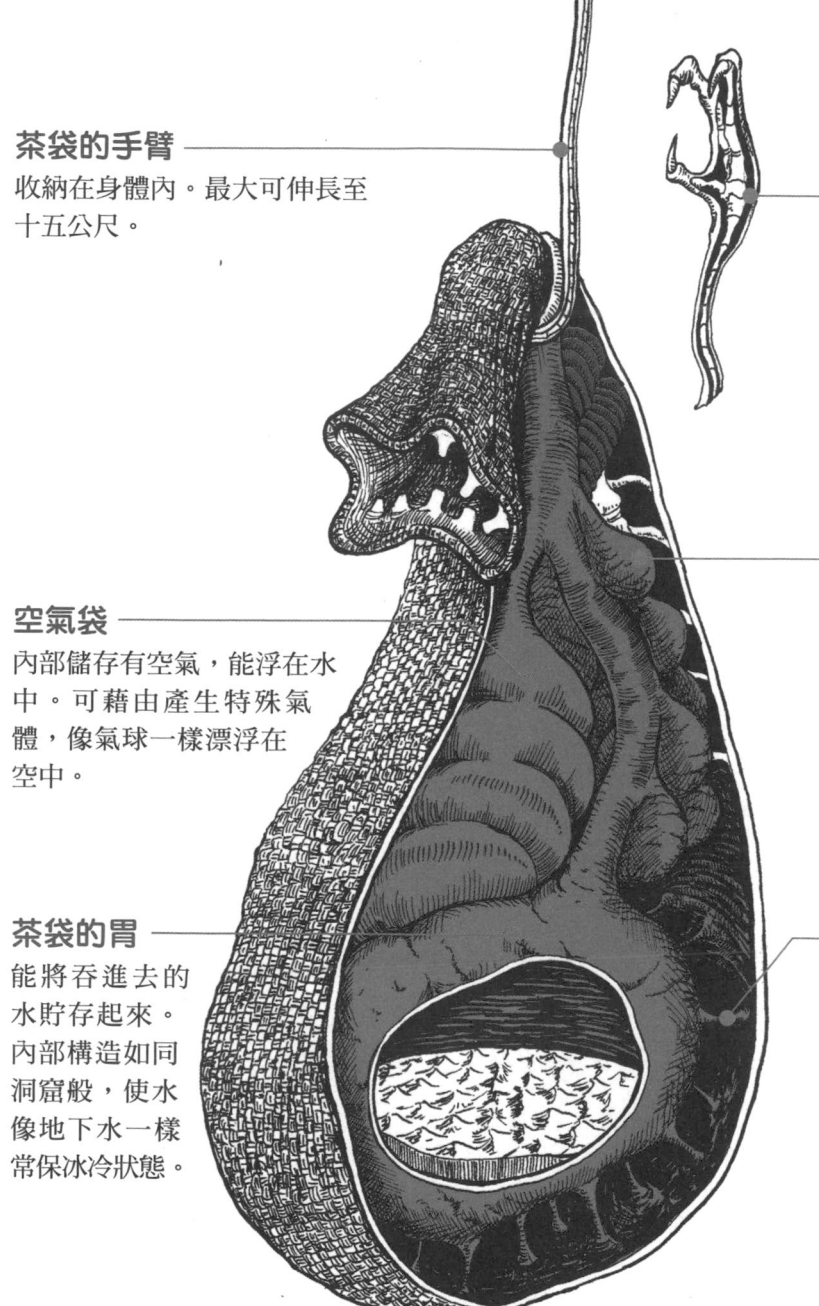

其二十三

搖籃妖怪——夜啼石

保護嬰兒的高科技防護罩

硬度：★★★★★

高科技度：★★★★★

哭聲大小：★★★☆☆

身高 90公分

體重 1125公斤

夜啼石的頭腦

能從水晶體讀取嬰兒的資料，使防護罩內變成最適合嬰兒的環境。還能向附近的人類發出電波求救。

水晶體

能將體內的嬰兒情況傳送到天界的即時攝影機。也能播放娛樂嬰兒的電視節目和影片。

夜啼石的外殼

夜啼石的骨骼。如同拼圖般覆蓋全身，來保護體內的嬰兒。在任何場所都能開啟所需塊數的骨骼，從任何方向都能進出。

夜啼石的嘴巴

能吸收新鮮氧氣和食物水分，供應給嬰兒。同時也擔任讓嬰兒聲音響徹周遭的擴音器。

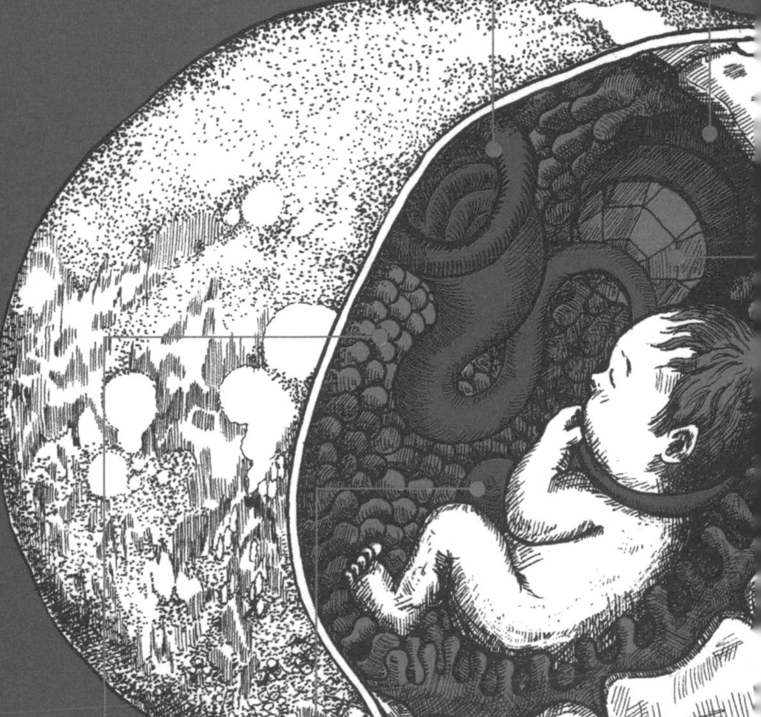

夜啼石的手

長在防護罩內側的觸手。能溫柔包住嬰兒，清除身上的髒污和傷痕。

溫度調節器

維持防護罩內部溫度的自動控溫系統。

其二十三　搖籃妖怪・夜啼石

由於夜啼石會變大變重，隨著出現場所的不同，可能會妨礙通行。

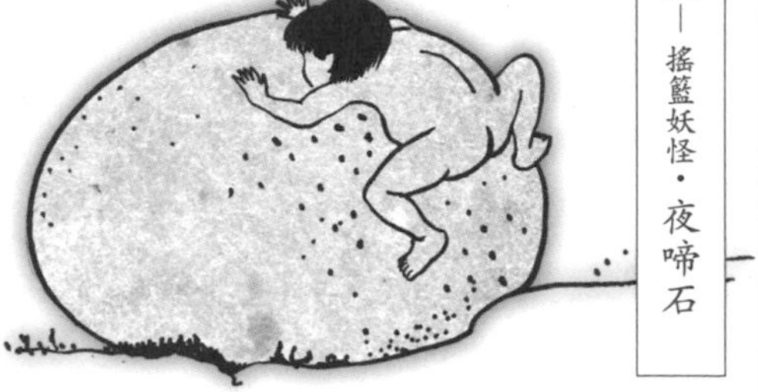

夜啼石具有抑制小孩夜哭的功能。各地都有這種石頭，據說參拜就有抑制夜啼的效果。

東京都青梅市有種半夜會變軟，名叫「蒟蒻石」的石頭。這可能是脫掉外殼的夜啼石。

在日本存在著一到夜晚就會發出哭聲的奇石。最有名的就是「小夜中山的夜啼石」。據說有位到小夜中山（靜岡縣掛川市）的久延寺祈求順產的孕婦遭到山賊襲擊喪命，腹中的嬰兒卻奇蹟似地活了下來。前來求救的母親靈魂附身在石頭上，不斷哭泣，寺院的住持察覺到哭聲後，便收養了嬰兒。

石頭宛如防護罩般保護裡面的嬰兒，成了救援抵達前的生命維持裝置。夜啼石全身都能發出求救電波，因此才會聽見母親和嬰兒的哭聲。

根據野田所述，這個宛如生命維持裝置的妖怪，其實是天女所留下的天界高科技裝置。

滋賀縣有名男子，初次見到天女時就想與祂共度一生，而將天女的羽衣藏起來。無法回到天上的天女便與男子結為夫妻，產下一子。沒想到這件事被天人發現，天女便被帶回天界。當時天女為了保護留下來的孩子，從天界送達人間的保護裝置，據說就是這個石型防護罩。根據傳說，當時受到保護的嬰兒就是後來的菅原道真公。

出現地區：靜岡縣、滋賀縣等
應對方法：聽到哭聲後巡視周圍
困難之處：由於夜啼石相當沉重，移動到其他地方相當費力

夜啼石是來自天界的救生艙。

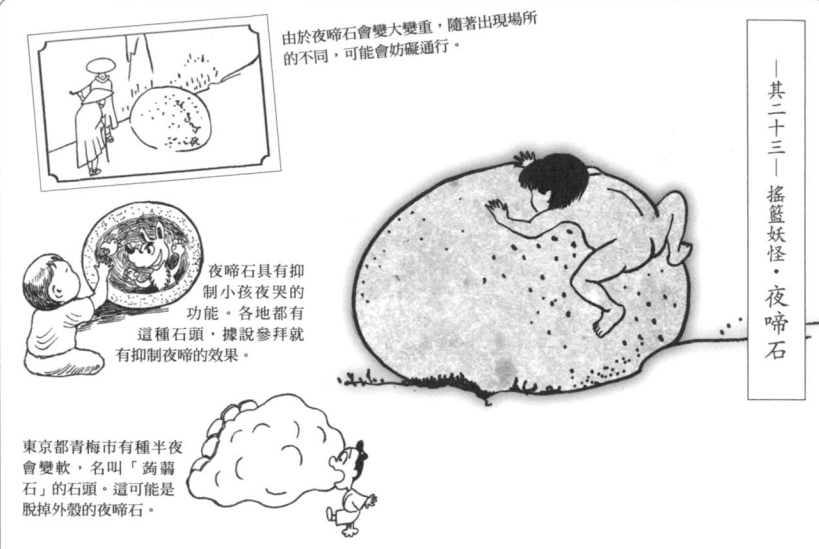

—其二十四— 帶子妖怪・產女

產女可分成鳥形（右上）、女性（左上）、嬰兒（右下）、抱著嬰兒（左下）等類型。

姑獲鳥披上羽毛就能變成鳥形，脫下羽毛後就能化成人形。

據說產女是由難產喪命的女性所變成的妖怪。產女會在下雨的夜裡出現在河邊，央求路過的人抱孩子，萬一不小心抱起來，孩子就會愈變愈重。產女的力氣很小，也有以身體受傷之姿現身，央求路人揹的產女。

其中，也有產女在百萬遍念佛期間央求旁人抱小孩的情況，此時小孩會隨著持續念佛而變得愈來愈重，不過只要撐到最後就能得到怪力。這是因為透過承受對塵世仍有依戀的女性的痛苦，讓變成產女的母親順利成佛的緣故。

產女多以女性姿態現身，據說其真面目是來自中國的鳥形妖怪姑獲鳥。

另一方面，出現在茨城縣的「Ubametori」是種鳥形妖怪，如果在晚上晾衣服的話，牠就會誤以為是小孩的衣服而擠出乳水。這種乳水對人類有毒，必須特別注意。

看到產女的解剖圖就會發現，其外表雖是女性姿態，身體組織卻近似鳥類。姑獲鳥能隨心所欲地從鳥變成人，從人變成鳥，因此「Ubametori」可能是產女變身後的姿態。

出現地區：秋田縣、山形縣、茨城縣（Ubametori）、神奈川縣、山口縣、愛媛縣、大分縣等
應對方法：1.無視。2.當牠央求你抱孩子時，不要面露難色，照牠的話去做（會幸福）。3.當牠要你抱孩子時，你可以不要抱，一旦抱了就要堅持到最後（會變大力士）。4.晚上不要將洗好的衣物晾在外面（晾乾的衣物不要穿）。

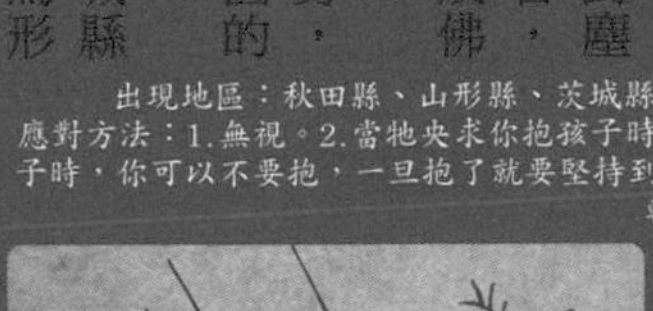

中國的鬼神姑獲鳥，據說會擄走人類小孩，能化成人形。

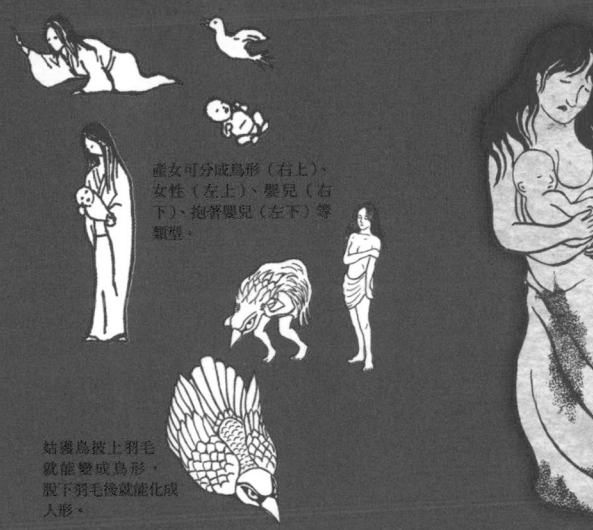

其二十四

帶子妖怪——產女

在夜晚的河邊抱著孩子現身

臂力：★☆☆☆☆
飛翔能力：★★★★☆
依戀度：★★★★★

身高
145公分
體重
40公斤

產女的喉嚨
從成人女性到嬰兒的哭聲，能發出各種聲音。

產女的手臂
雖然抱著嬰兒現身，卻沒什麼臂力。

產女的乳房
內含哺育嬰兒的乳汁，對人類有毒。

產女的翅膀
染紅的翅膀。披在身上即可變成鳥，脫下就能變成人形。

產女的頭髮

變成鳥形態時會變成翅膀。

產女的嬰兒

產女所遠端操控的木製或石製人偶。可藉由操作使嬰兒變得愈來愈重。

產女所操控的嬰兒真面目有石塔、墳墓、打稻草棒等。

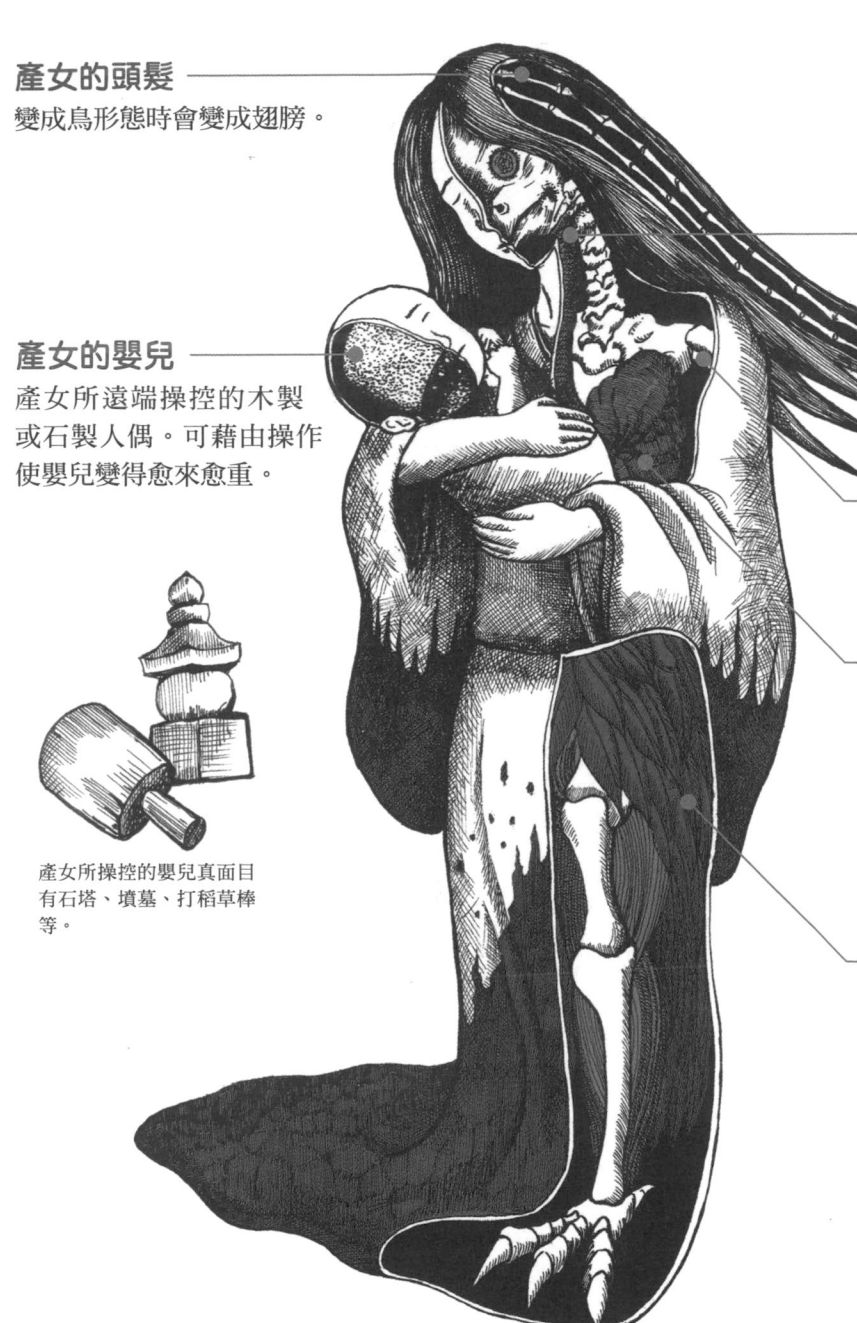

妖怪會出現在什麼樣的場所？

昭和時代發行的《日本妖怪大百科》（勁文社）當中寫到：這世上存在著「氣」，也就是動物所發出的能量。

「氣」無色透明且無色無味，與萬物的生死有著密切的關係。

地上所到之處都充滿著「氣」，濃度也會隨場所而異。妖怪似乎能隨心所欲地操控這種「氣」。因此，有「氣」聚集的場所就容易出現靈異現象。

這本書發售後已經過了三十年，可是關於超能量「氣」的謎團至今仍未解開。

野田元三提到，妖怪常會出現在「陰」的「氣」聚集的場所。

野田注意到童話等當中出現的「剎那間烏雲密布」、「微溫的空氣」、「吹起詭異的風」等文句表現。他詳細調查妖怪出現的場所，結果發現這些場所大多為陰暗且濕度高的場所。此外，在水中寒暖流的交界處，以及水流淤塞的場所也常有妖怪出現。

野田根據上述調查結果，推測出「妖怪有出現在空氣和水流淤塞、陰暗潮濕之地的傾向」。

若是常關在窗簾緊閉、空氣不流通的屋內，妖怪就會接近你，最好多加注意。

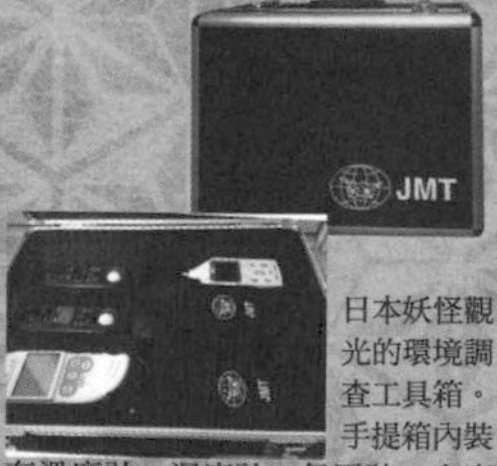

日本妖怪觀光的環境調查工具箱。手提箱內裝有溫度計、濕度計、氣壓計、光度計、風速計、噪音計、臭氣測定器，可測量妖怪出現點的氣溫、氣壓、濕度、風聲、亮度、聲音和臭味。

【妖怪會出現在陰森的地方！】

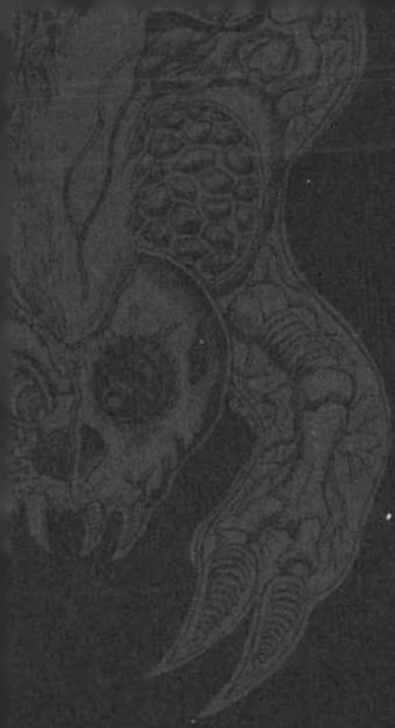

村落的妖怪

—其二十五—

惡作劇妖怪　獨眼小僧

喜歡惡作劇的小孩妖怪

危險度：★☆☆☆☆
可愛度：★★★★★
稀有度：★★★☆☆

身高
1公尺10公分
體重
19公斤

獨眼小僧的眼睛

只有一隻眼睛，能看見人類看不見的東西。

獨眼小僧的舌頭

會在黑暗之中舔人的臉來嚇人。

獨眼小僧的腳

擁有發達的腿部肌肉，能片刻不停地到處走動。同時也具備能一天走訪多戶人家的強健腳力。

獨眼小僧的大腦

總是在思考惡作劇的事。

沒辦法一次記住太多事。

獨眼小僧的手臂

看到掛在牆上的掛軸，
就會忍不住將掛軸捲起
來玩。

獨眼小僧的胃

能吃下並消化山中樹果和水果。原本不喜歡吃豆腐，不過在一點一點舔過豆腐之後就變得非常喜歡吃豆腐了。

─其二十五─ 惡作劇妖怪・獨眼小僧

獨眼小僧的帳面。

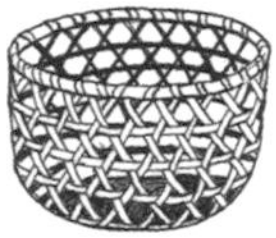

獨眼小僧討厭網眼多的竹籠以及尖銳會刺眼的柊樹葉。

獨眼小僧是只有一隻眼睛，外貌像小孩的妖怪。會現身在家中或路邊，露出獨眼來嚇人。

在關東地方，獨眼小僧會在事八日（農曆十二月八日和二月八日）前來巡視家家戶戶，調查每一家的缺點，像是有沒有發生爭執、有沒有哭鬧的小孩，或是鞋子放在外頭沒收好等，然後記錄在帳面（以前的筆記本）上，向瘟神報告。缺點多的家庭運勢就會下降。

不過這本帳面在拿給瘟神（在世間散布疾病的惡神）之前，會先寄放在道祖神（在村落入口防止災難和疾病侵襲的神）手上，只要在下次瘟神來拿之前燒掉就沒事了。

另外，獨眼小僧很討厭網眼多的東西和尖銳扎眼的東西，因此只要將竹編有網眼的竹籠或柊樹枝掛在屋簷下，牠就不會靠過來。

有的地方也流傳著獨眼小僧的真面目是狸貓的說法。

出現地區：長野縣、群馬縣、東京都、埼玉縣、神奈川縣、靜岡縣、山梨縣、富山縣、鳥取縣、香川縣等

討厭的東西、弱點：竹籠、柊樹葉、燒胡頹子和蔥的臭味

在落語的表演劇目「獨眼國」當中，獨眼小僧的國家也有登場。在這個國家，有兩隻眼睛的人相當罕見。

其二十六　電力妖怪・雷獸

據說掉在新潟縣魚沼郡的雷獸有六隻腳，而且還長鱗。

日本各地都有留下雷獸的木乃伊。據傳新潟縣的雷獸木乃伊姿態很像貓，而在秋田縣還有人吃貓形雷獸，據說無害。

在鳥取縣，有留下長兩公尺以上、名叫雷獸的怪物掉落在此的記錄。

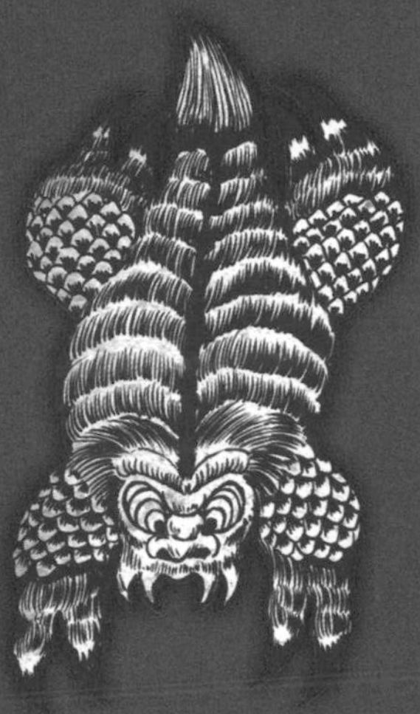

據說在打雷時會出現的謎樣生物。

雷獸的生態充滿謎團，據說雷獸居住在天界，在雷擊時會從空中掉下來，也有雷獸在山上挖洞居住，發現可以乘坐的雲就會跑上去的說法。這或許與雷擊產生的機制有關，也就是雲所產生的閃電伸向地面，地面上的電氣抓住了閃電，形成電柱，由下往天上衝。

傳說和圖畫所描繪的雷獸形象以鼬或貓等獸形居多。這或許是因為當雷擊擊中樹木等時，從樹木上跳出的小動物被當成雷獸的緣故。

可是，也有留下無法用既有生物來解釋雷獸的記錄。據說在新潟縣被目擊到的雷獸有兩隻前腳，四隻後腳，共計六隻腳。

出現地區：秋田縣、東京都、神奈川縣、新潟縣、長野縣、靜岡縣、愛知縣、廣島縣
應對方法：不要靠近可能發生雷擊的大樹附近，或是穿上不易導電的服裝

解剖圖所描繪的雷獸，與據傳掉落在廣島縣佐伯區五日市町的雷獸是同一種類。這個雷獸面如螃蟹，擁有鉗狀銳爪，形態相當奇妙，看來這在當時造成了不小的衝擊，各地都有留下許多複製畫。

在被落雷擊中的大樹上，留下了彷彿被利爪撕裂般的傷痕。

其二十六

電力妖怪—雷獸

伴隨著雷擊現身

危險度：★★★★☆

爪子強度：★★★★☆

敏捷度：★★★★☆

身高 95公分

體重 30公斤

避雷髮

每根髮絲都具有吸收閃電能量的功能。

電池袋

能擴大儲存電力的幅度。儲存的電力可透過毛細管輸送到全身。

電極毛細管

使電能傳遍全身而放電。

雷獸的爪子

能發射十億伏特的電力劈開物體的銳爪。連大樹也能在瞬間一分為二。

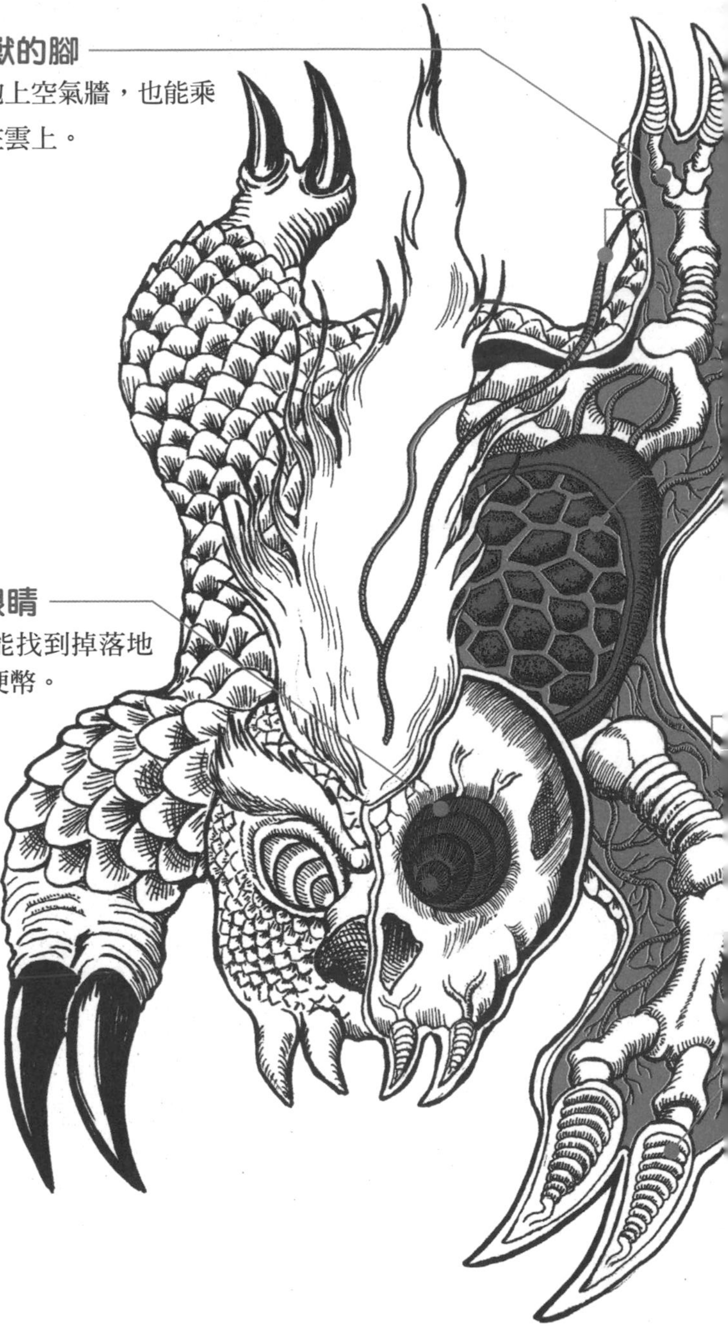
雷獸的腳
能跑上空氣牆，也能乘
坐在雲上。
雷獸的眼睛
在雲上也能找到掉落地
上的一圓硬幣。

其二十七

沙塵妖怪—撒沙婆婆

會從頭上對人撒沙

博學度：★★★★★
知名度：★★★★★
擬態度：★★★★☆

身高
140公分
體重
35公斤

撒沙婆婆的眼睛

喜歡陰暗的場所，討厭強光，因此眼睛變成了細微光線也不易進入的構造。

練土袋

藉由揉土來製造身體的細胞。臉部的樣子會隨著撒沙婆婆的出生地和生活環境而異。

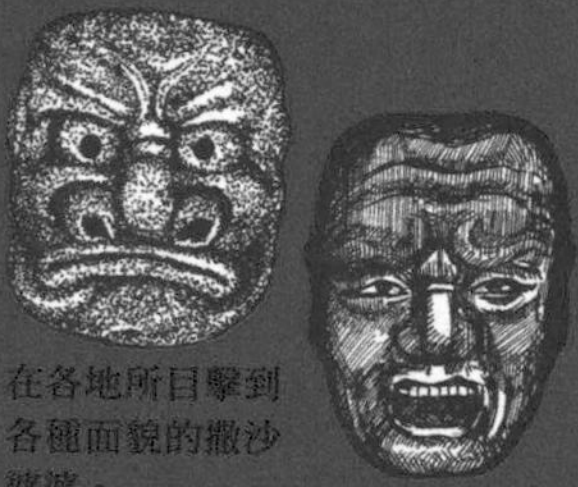

在各地所目擊到各種面貌的撒沙婆婆。

撒沙婆婆的胃

能將吃下去的食物磨成沙狀。

撒沙婆婆的大腦
如同泥球般的腦細胞。每個細胞都裝滿過去的記憶，相當博學多聞。
撒沙婆婆的皮膚
身體表面常保乾燥且乾裂。只要搓摩指尖，皮膚就會像沙子般脫落。
撒沙婆婆的腳
宛如砂紙般的腿，即使是光滑的竹子也能夠爬上去，不會滑下來。

其二十七 沙塵妖怪・撒沙婆婆

撒沙現象大多被當成狸貓等動物搞的鬼。

福島縣草野村有個「撒沙地藏」，只要經過地藏菩薩的面前就會被撒沙，但其實這並不是地藏在撒沙，而是狸貓搞的鬼。

有時只會聽到撒沙聲，什麼也沒掉下來。

撒沙婆婆會在神社森林暗處等寂寥的場所，從上空撒沙嚇人。

撒沙婆婆是流傳在奈良縣、大阪府、兵庫縣等地的妖怪，雖然名稱裡有個婆字，卻沒有留下有人看見其姿態的記錄。

這種惡作劇大多被當成動物搞的鬼，像是德島縣的「砂降」（狸貓）、新潟縣的「撒沙鼬」及青森縣的「撒沙狐」等。

在兵庫縣被稱作撒沙婆婆的妖怪，其真面目是狸貓，也有只會發出撒沙聲的妖怪。

而在滋賀縣，也有會做相同惡作劇的妖怪「撒沙坊主」，不過其具體姿態為何卻不得而知。

看解剖圖就會發現，撒沙婆婆是有著人類外貌的妖怪。

出現地區：奈良縣、大阪府、兵庫縣
應對方法：為避免被撒沙，走路時最好撐傘

撒沙婆婆全身都是由土壤般的細胞所構成，細胞老化後就會變成沙狀排出體外。如同黏土般的身體表面常保乾燥，呈現出老練的風格。

由於撒沙婆婆是由上述變化自如的細胞所構成，在自然中擬態對牠來說只是小事一樁。

看來就是因為這種能力，看過撒沙婆婆的人才會極為稀少吧。

撒沙婆婆是種擅長擬態，跟環境融合在一起的妖怪。

—其二十八— 飛行棉被・野衾

野衾會蓋在人臉上吸取鮮血。

上年紀的蝙蝠會變成鼯鼠，時間一久，鼯鼠就會變成山地乳。

高知縣有種與野衾（nobusuma）發音相同的妖怪，漢字寫作「野襖」，能如同隔扇豎立般形成一道牆，是種類似塗壁的妖怪。

野衾能在空中飛行，貼在走夜路的行人臉上吸取鮮血。由於其蓋在人臉上的姿態就像棉被一樣，因而取名為野衾（棉被之意）。由於行人手上拿的火把會熄滅，人們也認為野衾會吃火。

根據捕獲記錄，野衾外形如鼬，眼睛如兔。身體左右兩側長有皮膜，有四根手指，五根腳趾。大小約三十六～三十九公分，尾巴與氣味如同松鼠。野衾會襲擊貓並吸血，這種特徵和鼯鼠非常相似。以前的人將夜行性、能藉由身體的飛膜在樹木間飛來飛去的鼯鼠視為妖怪。至於鼯鼠的同伴——飛鼠的日文名稱，更是直接用表示妖怪的用語「摸摸具和」來命名。

據說野衾是有年紀的蝙蝠變成的妖怪。而上了年紀的野衾，就會變成名叫「山地乳」的妖怪。山地乳平時棲息在深山中，會偷偷靠近睡著的人吸取打呼聲。據說山地乳吸取打呼聲的時候若是被人看到，被吸取打呼聲的人就會長命百歲；若是沒被任何人察覺到，隔天就會死亡。

插圖中所留下的野衾可分成鼯鼠和蝙蝠兩種類型，解剖圖所畫的是蝙蝠形。

出現地區：東京都

應對方法：頭戴面罩，以免野衾貼在臉上

雖然未經實驗過，不過染黑的牙齒說不定能咬斷野衾（請參照一反木綿的介紹）

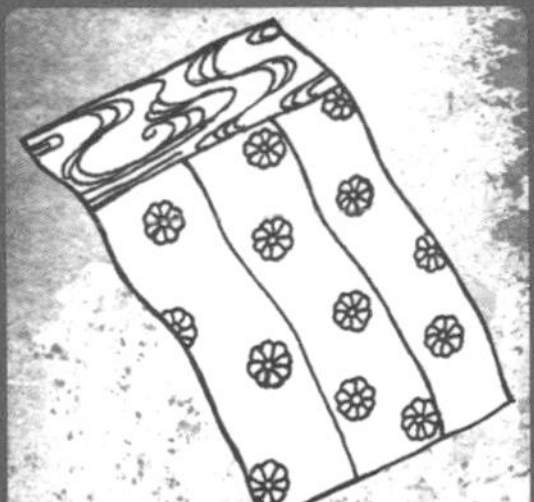

衾是一種類似棉被的長方形寢具。

其二十八

飛行棉被——野衾

能在空中飛行，吸取人類的鮮血

身高
38公分
體重
1300公克

攻擊力：★★★☆☆
飛行能力：★★☆☆☆
危險度：★★★☆☆

野衾的耳朵

即使在黑暗當中，也能利用聲音的反射來鎖定對象所在的場所。

能源袋

能貯存生物的鮮血中所含的精氣。

野衾的飛膜

飛行時能變成翅膀，受到襲擊時能伸縮自如，貼在人類臉上。

野衾的尾巴

是飛行時用來控制方向的方向舵。身體蓋住人臉時，能纏繞對方，使之動彈不得。

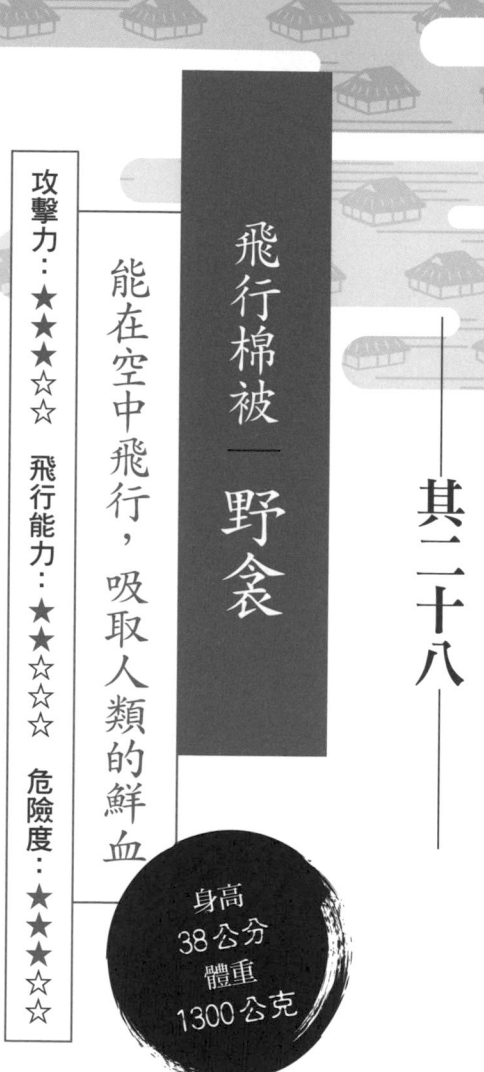

野衾的嘴巴

能發射超音波來鎖定物品位置。身體蓋住獵物時，就會用嘴咬住獵物，吸食鮮血。口中可承受三千度的高熱。

野衾的胃

能貯存吸收的火焰。遇到敵人時，就能從口中吐火進行攻擊。

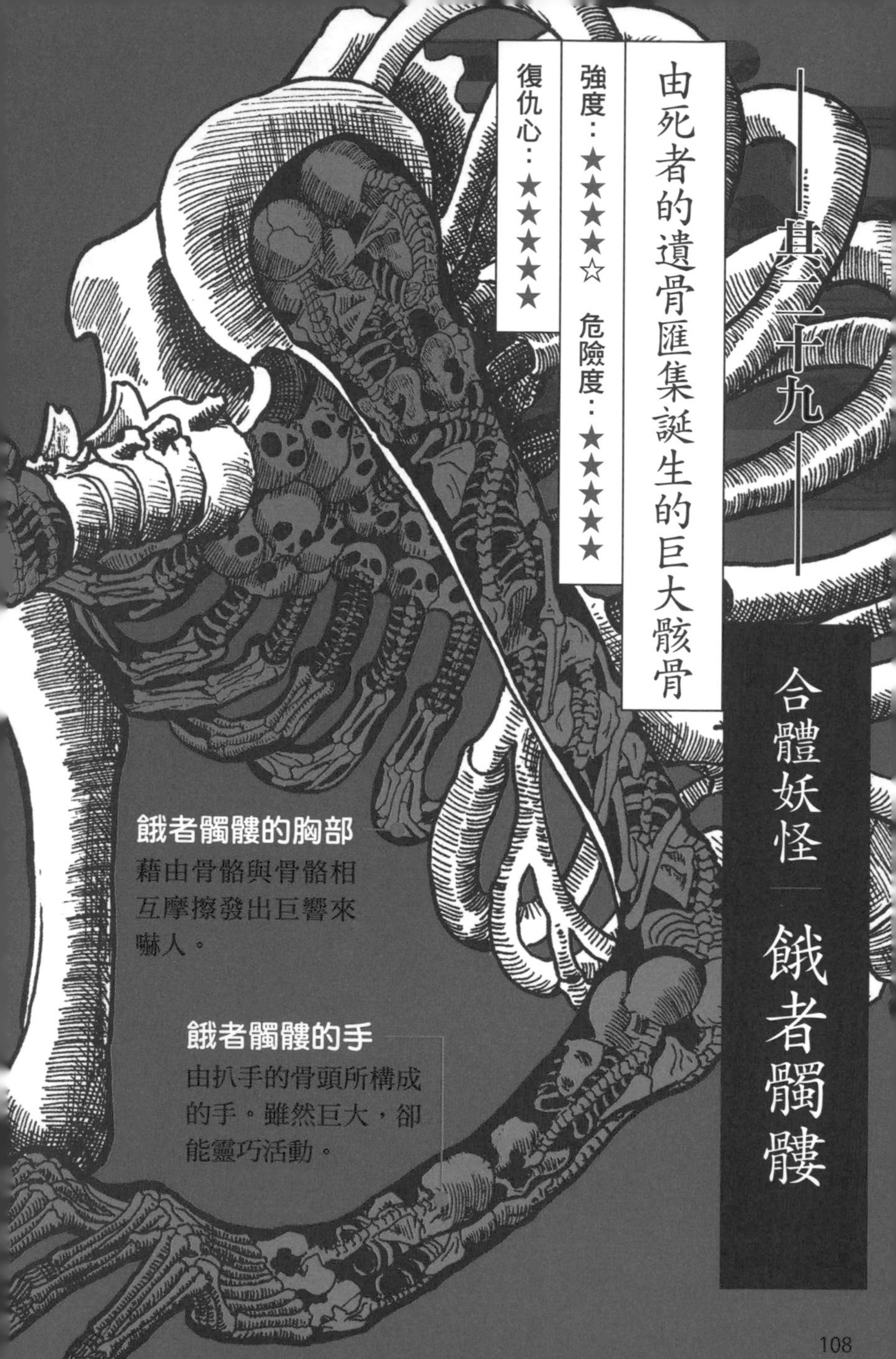

其二十九

合體妖怪

餓者髑髏

由死者的遺骨匯集誕生的巨大骸骨

強度：★★★★☆　危險度：★★★★★

復仇心：★★★★★

餓者髑髏的胸部

藉由骨骼與骨骼相互摩擦發出巨響來嚇人。

餓者髑髏的手

由扒手的骨頭所構成的手。雖然巨大，卻能靈巧活動。

餓者髑髏的大腦

由帶有怨念的人的頭骨所構成。總是想著向人類復仇。

餓者髑髏的眼睛

由視力二・〇的頭骨匯集而成。尋找人類時會整個往前凸出。被瞪的人可是會動彈不得喔。

餓者髑髏的下顎

強而有力的下顎，連身穿盔甲的人都啃得動。

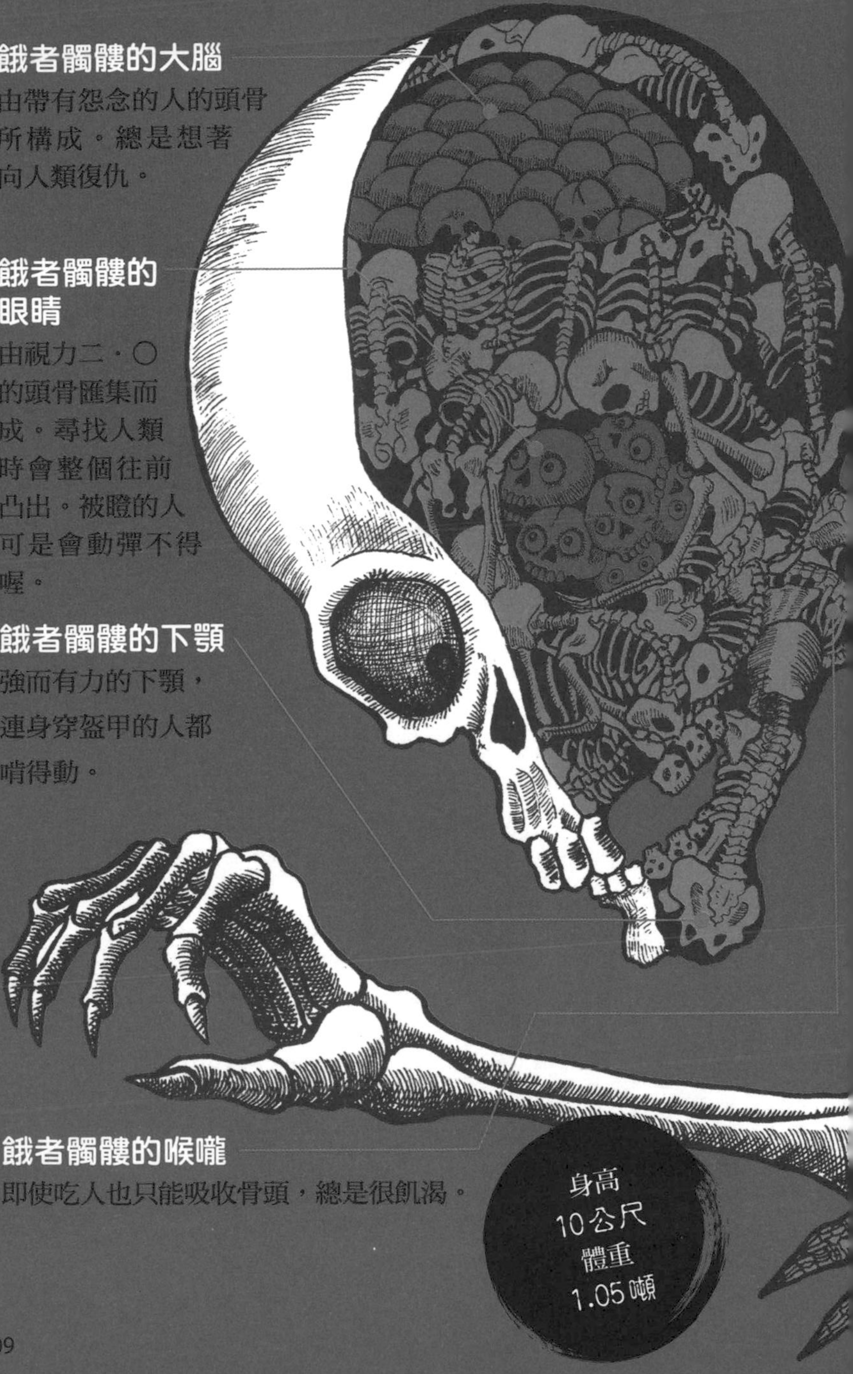

餓者髑髏的喉嚨

即使吃人也只能吸收骨頭，總是很飢渴。

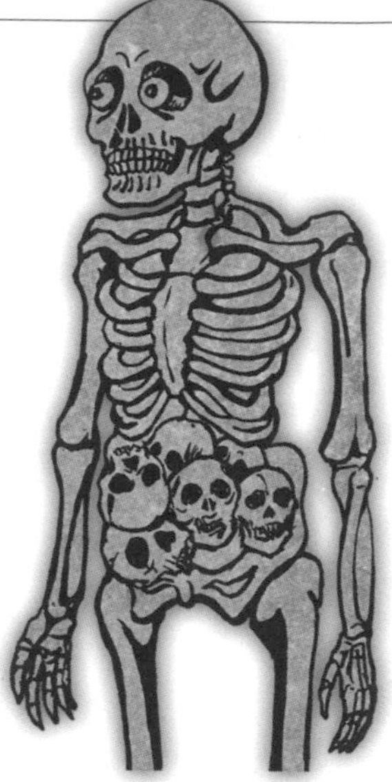

—其二十九— 合體妖怪・餓者髑髏

以大幅凸出的眼睛嚴密監視，尋找深夜獨自行走的人類。

平時蜷曲著身體睡覺。

瀧夜叉姬。據說是傳說中的妖術師，平將門之女五月姬。為了替戰敗的父親雪恨，於是使出各種妖術，企圖顛覆整個國家。

餓者髑髏是由未被埋葬屍體腐爛的死者遺骨聚集而成的巨大骸骨妖怪。

當半夜兩點之後，以強烈怨念為原動力的餓者骷髏就會發出喀吱喀吱的聲響，步履蹣跚地走在路上，遇見人類就用手捏碎，以巨大的牙齒咬碎人類。

據說餓者骸骨的形態為巨大的骸骨，僅有發出恐怖黃光的眼球向外凸出。

餓者骷髏的身體據說是由骨頭所構成，相當堅硬，即使十名武士一起揮刀砍，也無法傷其分毫。

有說法指出，最先創造出這個妖怪的人是平將門之女——瀧夜叉姬。平將門於天慶之亂敗陣之後，瀧夜叉姬為了一雪平氏一族滅亡的怨恨，成了妖術師。

出現地區：千葉縣、戰場等多人喪命的場所

應對方法：避免在深夜兩點以後獨自行走、在夜路上一聽見喀吱喀吱的聲響，立刻拔腿逃跑

在傳說中，瀧夜叉姬能施展妖術，操控無數具骸骨。對照觀察餓者骷髏的解剖圖，就會發現牠是由無數具遺骨構成的巨大骸骨，印證了此一傳說。

雖然瀧夜叉姬被朝廷派遣的陰陽師處決了，然而在妖術的力量下轉變成巨大妖怪的死者怨念，說不定在主人死去後變成了餓者骷髏，繼續在夜裡徘徊。

餓者骷髏會以身體的骨頭發出喀吱喀吱的聲響嚇人，一但聽到這個聲音，就要立刻拔腿逃跑。

—其三十— 不定形妖怪・肉瘤怪

人們也認為無臉妖怪野篦坊是肉瘤怪所變成的。

據說吃了封的肉就會擁有怪力。

肉瘤怪擅長變成和尚與醫生。

宛如肉塊的身體上長有像是一張大臉的皺摺，又黏又滑，難以捉摸。

據說無眼口鼻妖怪「野篦坊」的真面目就是出現在駿府城，被稱作「肉人」的不定形妖怪。野篦坊乃是人形無臉的妖怪，會出現在夜路上嚇人。肉瘤怪則是遠自中國而來的傳說生物，叫做「封」，一般認為抓到封並吃其肉，就能得到怪力。

肉瘤怪最令人驚訝的就是牠的飛行能力，牠能用隱藏在背部的四隻翅膀自由自在地在空中移動。據說出現在駿府城的肉人也是從天而降，說不定是外星人，也很有可能是飛過來的肉瘤怪。

根據野田的記錄，肉瘤怪的「真面目是來自中國的鬼神，能使世間陷入混沌」。據說肉瘤怪擁有變身能力，能變成人混進人類世界。這種妖怪相當好女色，也有變成和尚或醫生接近人類女性的傳聞。肉瘤怪能憑藉變化自如的身體融入人類社會，設法從人類社會內部擾亂世間。

出現地區：東京都
應對方法：在肉瘤怪的眼、耳、鼻、口等七處挖洞，或是抓到後吃牠的肉

肉瘤怪能用背部的四隻翅膀在空中飛行。

其三十

不定形妖怪——肉瘤怪

總是想著擾亂世間

變身能力：★★★★★

飛行能力：★★★★☆

個性惡劣度：★★★★☆

身高 160公分

體重 120公斤

肉瘤怪的大腦

喜歡混亂，總想著擾亂世間。

肉瘤怪的眼睛

看不見。

肉瘤怪的嘴巴

能吸收吞食人類的惡意。會用唱歌般的聲音發出鳴叫。

肉瘤怪的支柱

支撐肉瘤怪身體的支柱，類似脊椎。也被稱作使世間陷入混亂的「惡意之柱」，肉瘤怪的身體就是由此處滲出的負面細胞所構成的。

肉瘤怪的翅膀
可使用藏在體內的四隻翅膀飛行。
肉瘤怪的耳朵
聽不見。
肉瘤怪的肺
用來貯存能源的袋子。膨脹時會亮紅光。這裡被打洞的話就會死亡。

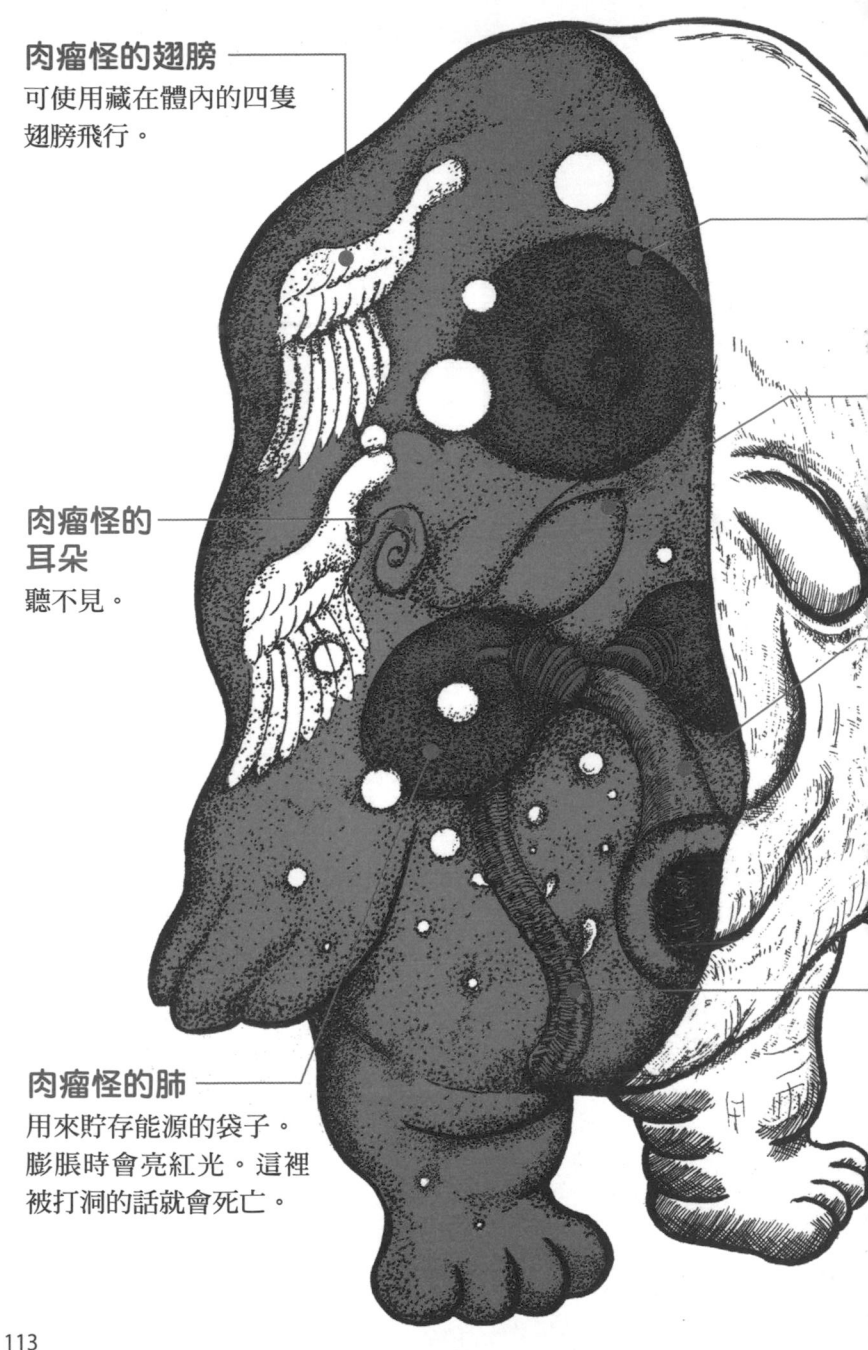

其三十一

隨機襲擊妖怪——髮切

會剪掉人類的頭髮

身高 1公尺50公分
體重 40公斤

兇暴度：★★☆☆☆

髮型美感：☆☆☆☆☆

來路不明度：★★★★☆

髮切的頭髮

每根髮絲都變成利刃，即使頭髮碰到髮切的頭也會被剪斷。

髮切的眼睛

能看見從人類頭髮冒出的精氣。因此會鎖定精氣強的人類。

麻醉袋

可由此產生催眠瓦斯，並從口中吐出。能趁人暫時失去意識的期間剪掉人的頭髮。

髮切的腳

腳掌也能在牆上行走。由於不會發出腳步聲，能趁對方不注意時悄悄靠近。

髮切的刀刃

能用變成利剪的嘴巴和手來剪頭髮。連粗竹子也能輕而易舉地一刀兩斷，相當鋒利。

能源袋

能貯存頭髮冒出的精氣，並轉換成能源。

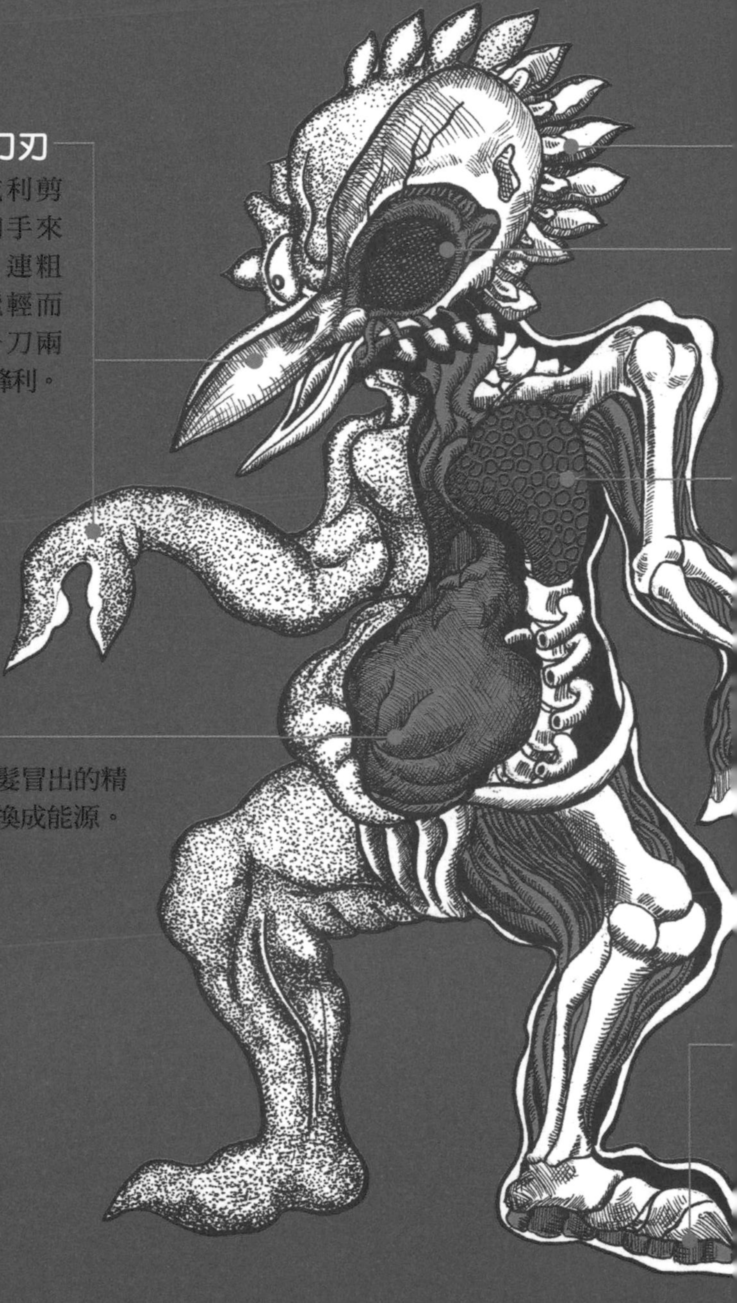

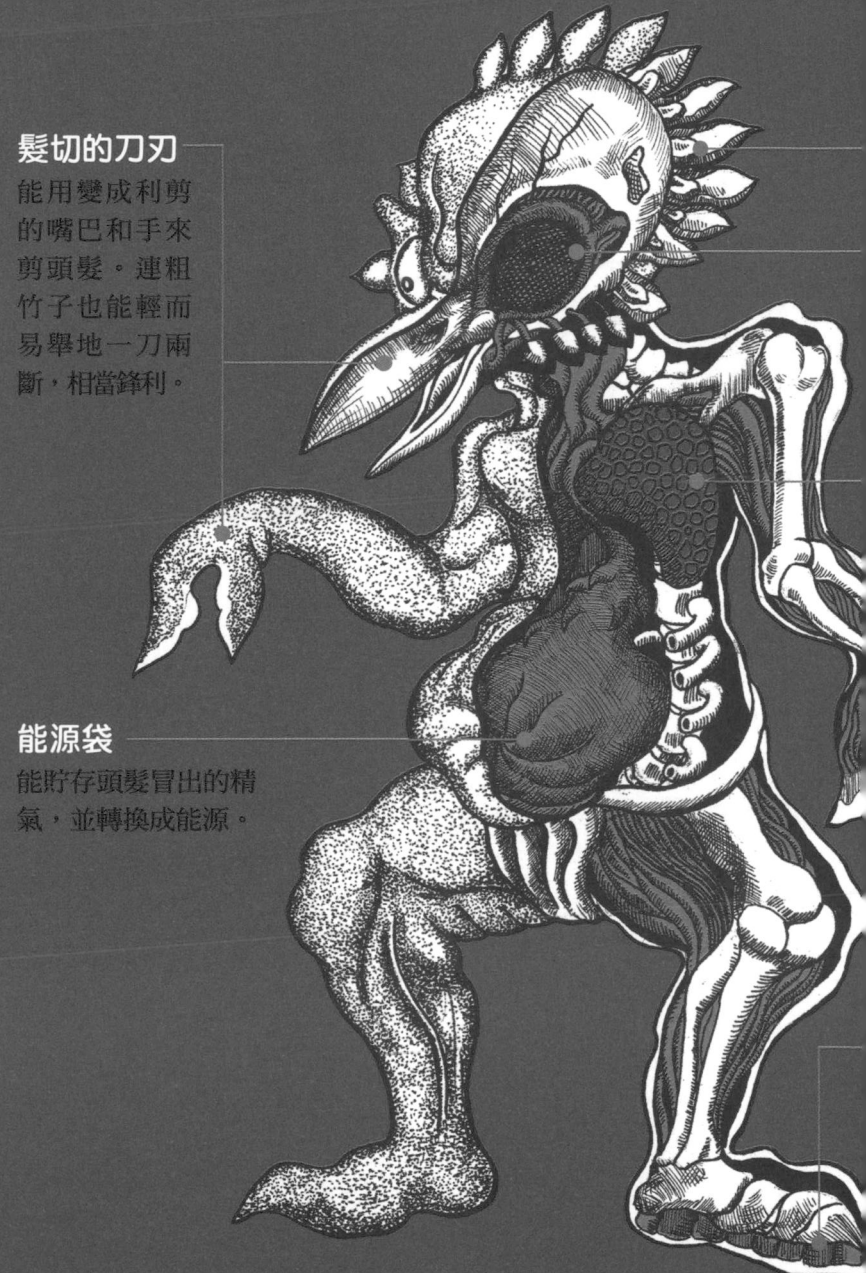

—其三十一— 隨機襲擊妖怪・髮切

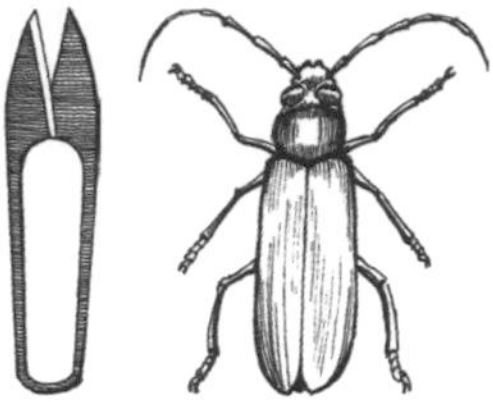

一般認為髮切的真面目是天牛，也有說法認為是經久使用的剪刀變化而成。

明治時代出現在番町的髮切據說是全身漆黑的。

髮切是一種會在深夜時剪掉路上行人頭髮的妖怪。

在東京神田紺屋町，有位女性外出購物時，頭髮被這個妖怪剪掉。據說本人完全沒察覺到頭髮被剪掉這回事，事後回頭去找，才發現綁好的髮束掉落在路旁。

江戶時代，這類事件頻繁發生，坊間也謠傳著各種不同的犯人形象，像是殺了野狐後發現腹部出現了毛髮、其實剪頭髮的是天牛等。而在昭和時代，據說髮切是從為謀生而賣掉頭髮的怨恨中誕生的妖怪。如果在墳場聽到喀嚓喀嚓的聲音，就是髮切在剪頭髮，千萬不能過去看。如果看到必定會遇到災難。

此外，據說被這個妖怪剪掉頭髮，代表自己不再是活著的人類。若是在結婚前出現這種現象，表示結婚對象很有可能是妖魔或幽靈。

從很久以前起，髮切的形象就被保留在畫中，解剖圖所描繪的和古時畫中的應該是同一隻髮切。正因為這個資料記錄了這種模樣被人類看見也難以捉摸的妖怪，才顯得尤其珍貴。

出現地區：群馬縣、東京都、三重縣
應對方法：理個大光頭

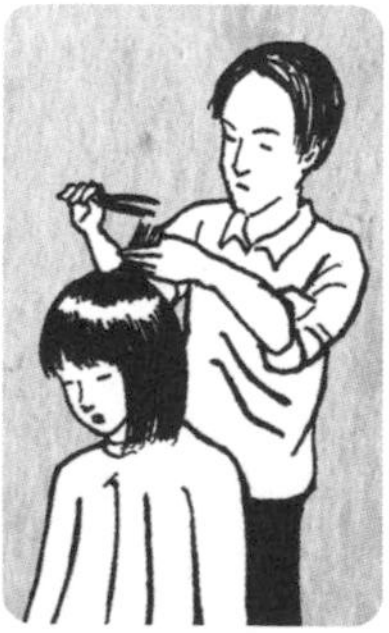

據說頭髮中存有精氣。或許這就是到髮廊剪頭髮的途中會想睡覺的原因。

—其三十二— 布匹妖怪・一反木綿

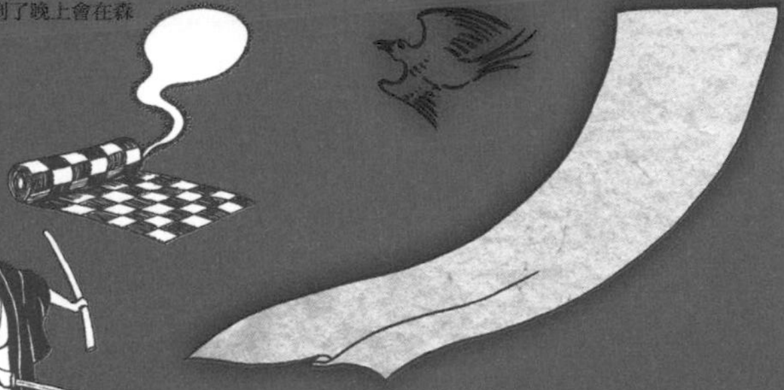

據說布匹的精靈到了晚上會在森林到處飛行。

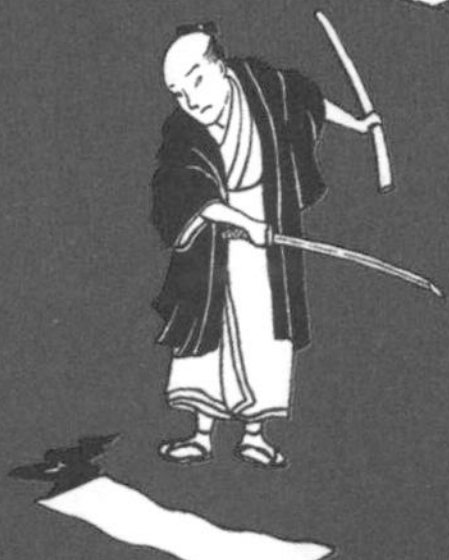

據傳用刀斬斷一反木綿，牠會流出鮮血。

新潟縣佐渡島的衾是包袱布狀的妖怪，牠會覆蓋在人的頭上襲擊，不過用染黑的牙齒就能咬斷牠。

一反木綿是一種流傳在鹿兒島縣肝屬郡高山町（現在的肝付町）的妖怪。這種長約一反（一〇・六公尺）的布狀物體會在黃昏時分飄邊飛來，纏住人類的頸部或是貼在人臉上。有的則會以書畫的形狀飛過來，然後如同捲軸般展開，將下方的人類捲起來。這種動作與吊起型妖怪「釣瓶下」很類似。

據說一反木綿的真面目是白頰鼯鼠，不過在昭和的妖怪圖鑑中則寫著「布匹的精靈在夜裡到處飛行的模樣」。乍看之下一點也不可怕，但據說只要看到人類，就會加快速度飛過去襲擊。

由於解剖圖所描繪的妖怪是在九州所收集到的，雖然被當作一反木綿，不過野田卻記載為「白衾」。「衾」是指流傳在新潟縣佐渡島，夜晚時繪像包袱巾般蓋在人類身上的妖怪，不論用什麼名刀都切不斷，但據說用染黑的牙齒就能夠咬斷。野田在解剖一反木綿之際，為了將一反木綿薄而纖細的身體正確切分，嘗試使用以鐵漿染黑、靈力極高的象牙手術刀，結果切得相當順利，因此將之記錄為衾的白色變種。近年來，有愈來愈多人將衾和一反木綿視為同一種妖怪，或許就是受到此一記錄的影響。

出現地區：鹿兒島縣
應對方法：用刀劍將之斬斷

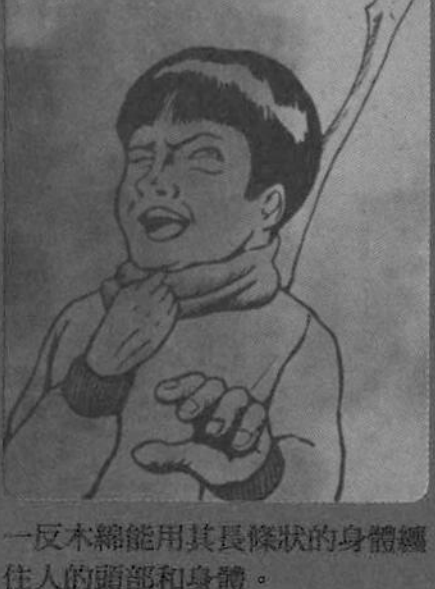

一反木綿能用其長條狀的身體纏住人的頭部和身體。

——其三十二——

布匹妖怪——一反木綿

在空中飄盪飛行，襲擊人類

外觀可怕度：★☆☆☆☆
危險度：★★★★☆
飛行能力：★★★★☆

身高
11公尺
體重
700公克

——一反木綿的大腦

相當優秀的計算機，能分析眼睛所掃描的資訊來決定自己身體的大小及長度。

——一反木綿的骨骼

薄而柔軟的骨骼。質地柔軟卻很強韌，連刀劍也無法輕易砍斷。

——一反木綿的細胞

能隨心所欲增殖或減少細胞，瞬間改變身體大小。

——一反木綿的爪子

平時隱藏在體內。一旦抓住人類，就能一口氣將人類捲起來。

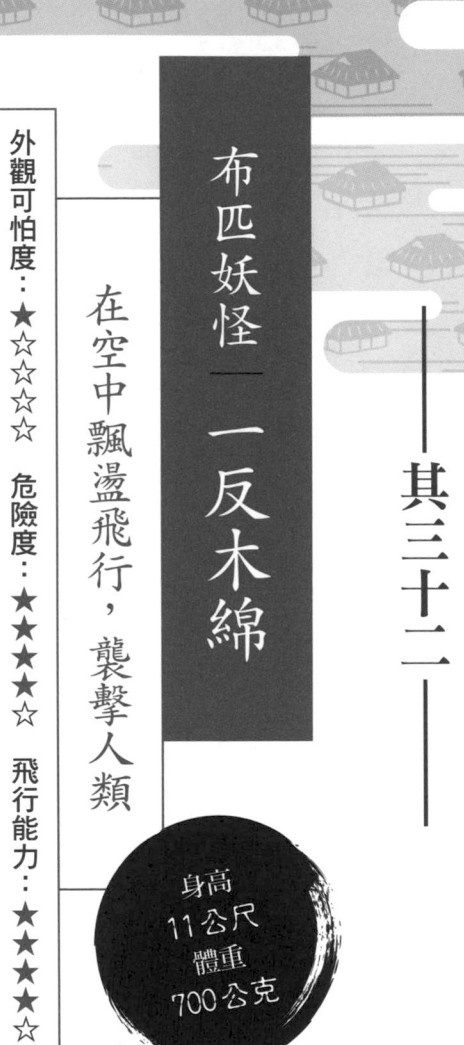

一反木綿的眼睛
具有掃描功能。一發現獵物就會發出特殊光線，讀取其大小和質量。

能以長狀身體將人類捲起。

一反木綿的胃
擁有能將捲起的人類一口吞下的大胃袋。

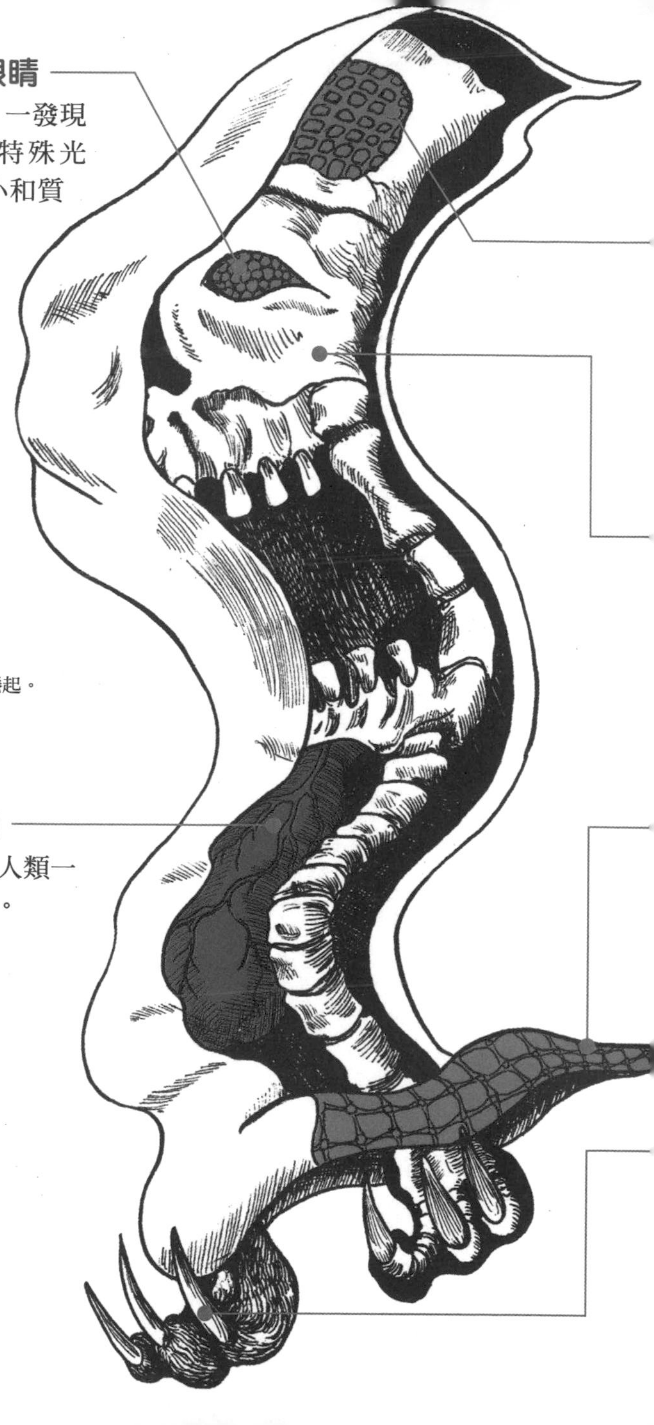

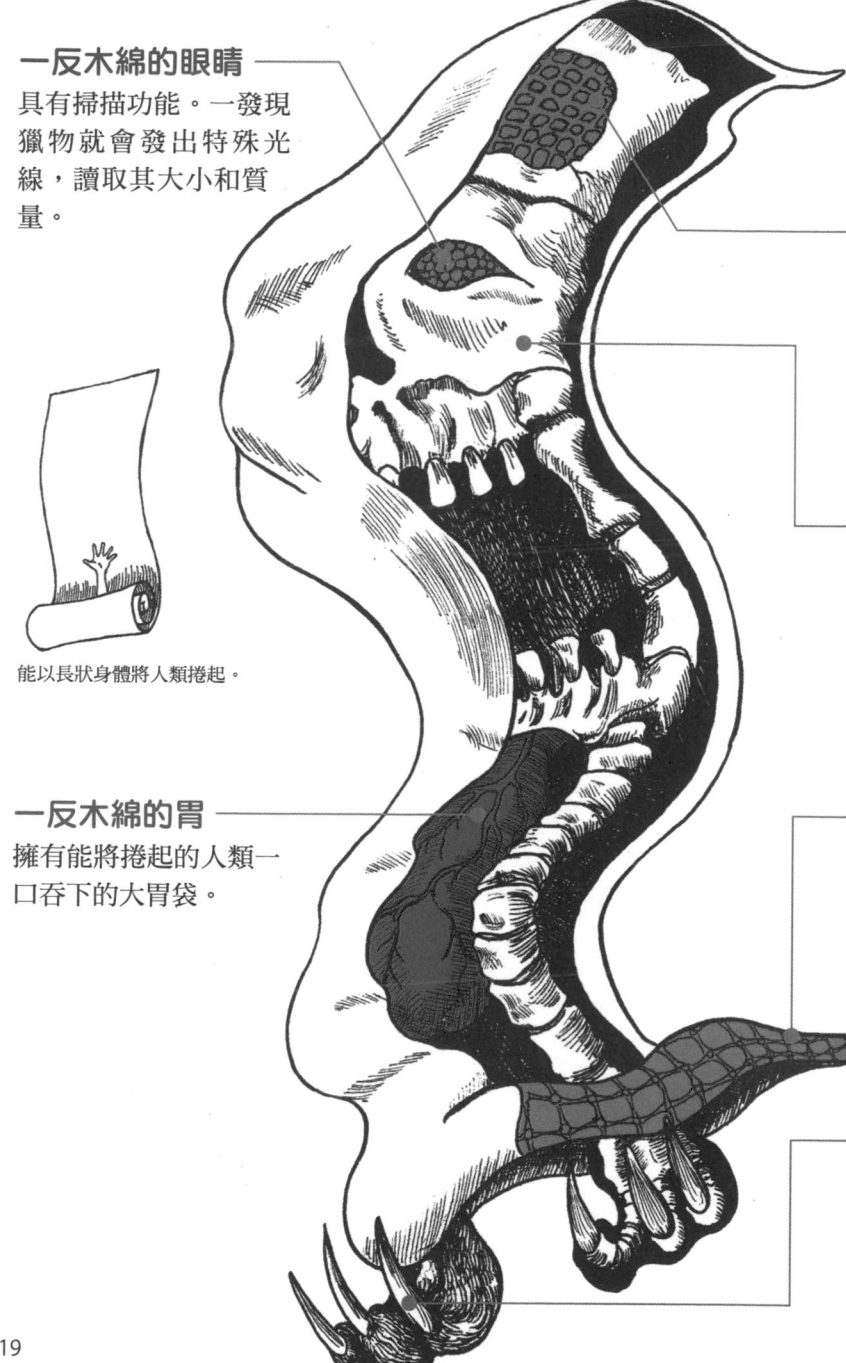

一起去尋找妖怪吧！

在日本各地，至今仍有許多流傳有妖怪出沒的場所。這些場所絕不只限於歷史觀光景點。只要詳細調查，說不定在你居住的城鎮或是住家附近也能找到妖怪景點喔。

下面就來介紹日本妖怪觀光所推薦的尋找妖怪必備道具。

首先去各地區的鄉土資料館和圖書館。詳細調查鄉土資料上記載的故事，說不定能查到只有當地才有的妖怪資訊。

尋找妖怪必備道具

※妖怪出現景點多為人煙稀少且危險的場所，一定要有大人陪同前往。

①帽子
除了能遮陽外，也能保護頭部不受到撒沙婆婆的撒沙等來自上空的攻擊。

②指南針
迷路時，有指南針就能知道方向，相當有用。

③手套
萬一不小心抱起死抓著手不放的嬰兒型妖怪，可以脫掉手套趕緊逃跑。

④一口點心
遭到會附在身上讓人無法動彈的妖怪襲擊時，只要口含點心，身體就能夠恢復自由。

⑤鏡子
鏡子既可映照出肉眼看不見的妖怪，也能夠反射光線，向遠方的人傳送信號。

⑥手電筒
前往陰暗場所時的必備道具。不過，頻繁照明會讓妖怪逃跑，請多加注意。

⑦護身符
能保護自身不受邪惡妖怪侵襲。

⑧水槍
只要在水槍裡裝入神社的水，就能變成擊退妖怪的武器。

家中的妖怪

其三十三

飛頭妖怪 轆轤首

脖子能伸長或頭部脫離身體

危險度：★★☆☆☆ 飛行能力：★☆☆☆☆ 知名度：★★★★★

身高 148公分
體重 45公斤

轆轤首的大腦
根據一般說法，幾乎所有轆轤首都是睡覺時在無意識的狀態下伸長脖子。

轆轤首的耳朵
在頭飛起時擔任翅膀的作用。

排氣孔
能將伸長脖子時產生的熱能轉化為蒸氣噴出體外。當轆轤首的胸口冒出煙時，就是脖子開始伸長的暗號。

轆轤首的胃
轆轤首是夜行性，愛吃昆蟲，不過也有報告指出，最近出現了會襲擊人類的種族。

轆轤首的長管
連接身體與頭部的管子。頭部若是長時間脫離身體，就會死亡。
轆轤首的脖子
看起來像是脖子伸長，實為連接身體與頭部的幽體。

—其三十三— 飛頭妖怪・轆轤首

轆轤首可分成可拔下頭顱、以細長管子連繫頭部，以及極少數的垂下頸部等類型。

轆轤首的頭與身體長時間分離的話，就會死亡。

轆轤首是一種能伸長脖子或是頭部能脫離身體飛行的妖怪。據說轆轤首原是來自中國。白天是普通人，到了晚上脖子就會伸長或是頭部脫離身體，在住家附近徘徊，到了早晨才回到身體。

根據中國的書籍記載，在爪哇島和喜馬拉雅山脈南邊山間地區的洞穴裡，居住著頭部可脫離的民族。據說該族人頸部上有紅色線紋，一到夜晚，頭就會脫離身體，以耳朵為翅膀，到處飛行吃蟲。

日本的轆轤首也是一樣，頭部大多會在睡覺期間，在本人沒發現的時候離開身體。由於頭離開身體期間所經歷的事彷彿作夢一般，也被認為是一種靈魂出竅的現象。

出現地區：千葉縣、東京都、福井縣、山梨縣、香川縣、愛媛縣、熊本縣

應對方法：轆轤首討厭念經、趁頭與身體分離期間將身體藏起來，頭就會無法回到身體

一般認為轆轤首不會加害人類，不過在小泉八雲的怪談當中，出現了僅頭部會飛行的吃人轆轤首。

在山梨縣遠離村落的土地上居住著五名男女轆轤首，這群轆轤首會引誘旅行僧，並以頭部襲擊他們。轆轤首討厭念經，據說只要趁頭部脫離時將轆轤首的身體藏起來，牠們不久就會死亡。據說在吉野山上有一處村落，居住著頭部有紅色線紋的轆轤首。

轆轤首據說是因為與黏土在轆轤伸長的感覺很相似而得名。

—其三十四— 剪裁妖怪・網剪

根據網剪的嘴巴和手的特徵，也有網剪是由變切變異而來的說法。

網剪最喜歡剪捕魚用的漁網和蚊帳等網狀物品。

昭和的妖怪圖鑑中描述，網剪會剪斷夫妻的緣分。隨著時代變遷，網剪所剪碎的物品似乎也產生了變化。

在東北庄內的漁村，有漁夫將補好的漁網隨地亂放，結果發現漁網被剪得零零落落……。其實這是妖怪網剪幹的好事。收拾好漁網的漁夫金之助，取笑那些漁網被剪碎的漁夫夥伴。當天夜晚，躺在蚊帳裡睡覺的金之助感覺身體被蚊子叮咬，他睜眼一看，發現原本掛得好好的蚊帳被剪得零碎不堪。金之助相當驚訝，這時不知從何處傳來了網剪的笑聲……。

網剪是江戶時代的繪師鳥山石燕所畫的怪物，但網剪究竟是什麼樣的妖怪卻完全沒有任何資訊。目前留下的只有《東北怪談之旅》（山田野理夫著）當中所寫的這篇庄內的故事。

從網剪的名稱來看，就知道這種妖怪能將捕魚用的漁網和蚊帳剪成碎片，據說牠也會將和服剪碎吃掉。另外，不光是網子或衣物，聽說甚至連夫妻的緣分也會被牠剪斷。

或許是近年來使用蚊帳的人愈來愈少，沒有東西可剪的網剪才會轉而剪斷人的緣分。

這時候，說不定網剪已遷移到數位世界，將遍布全世界、被稱作全球資訊網的網路截斷，使全世界陷入混亂。

出現地區：山形縣
應對方法：網子別亂放，要勤於收拾

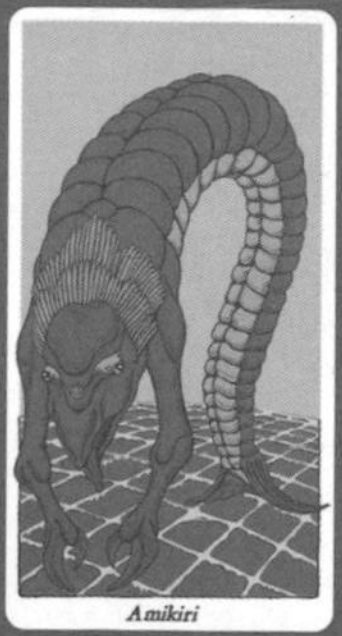

在電腦世界中，或許會誕生能剪斷網路的網剪。

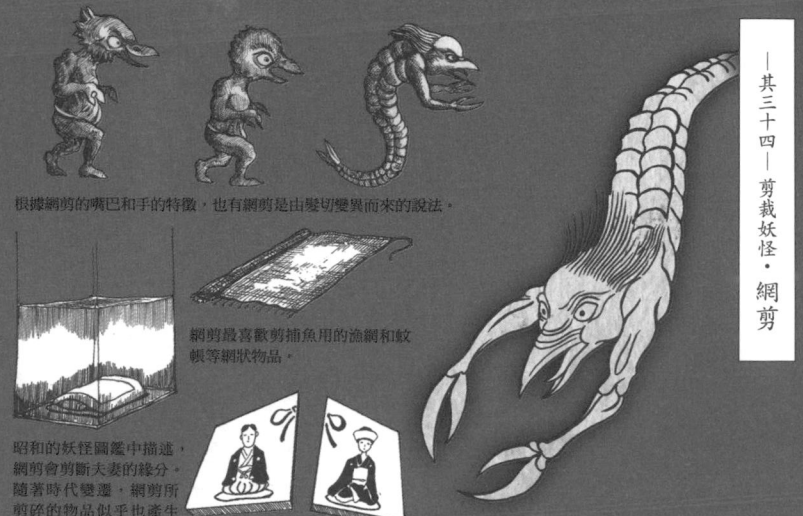

其三十四

剪裁妖怪——網剪

會將網狀物品剪得零零碎碎

壞心眼度：★★★☆☆
毛骨悚然度：★★★☆☆
鉗子的鋒利度：★★★★★

身高 6公尺
體重 40公斤

網剪的大腦
具備網眼聲納功能，能對網狀物品產生反應。

網剪的眼睛
世界看起來就像棋盤的棋格，因此網剪不會迷失自己的所在之處。

網剪的牙齒
像鉗子般鋒利的喙狀齒。能剪碎和服並食用。

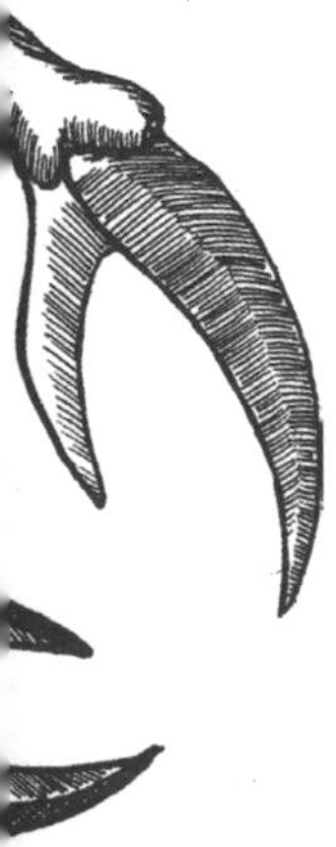

網剪的尾巴

擁有能輕鬆拉起拖網的肌力。身上帶有蝦子的味道。

也有說法認為網剪是磷蝦變成的妖怪。

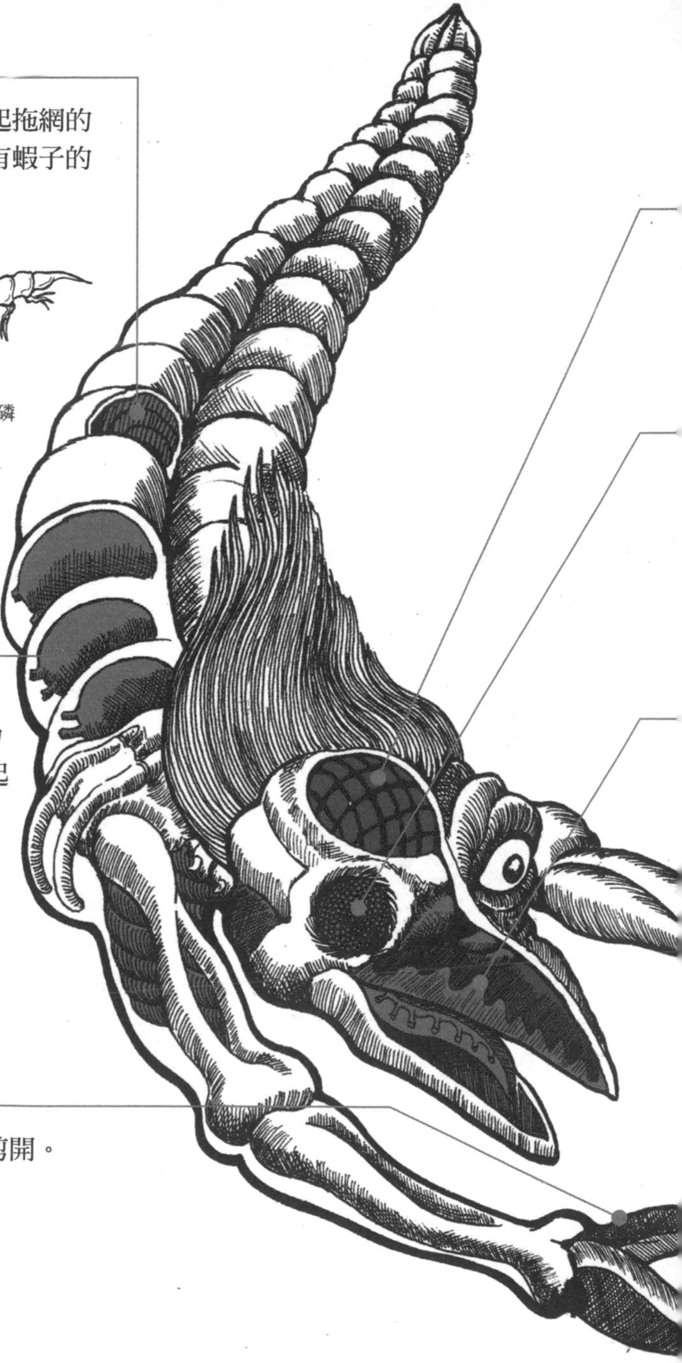

網剪的肺

可藉由將吸入空氣噴出的力量使身體浮起來。

網剪的鉗

任何網子都能剪開。

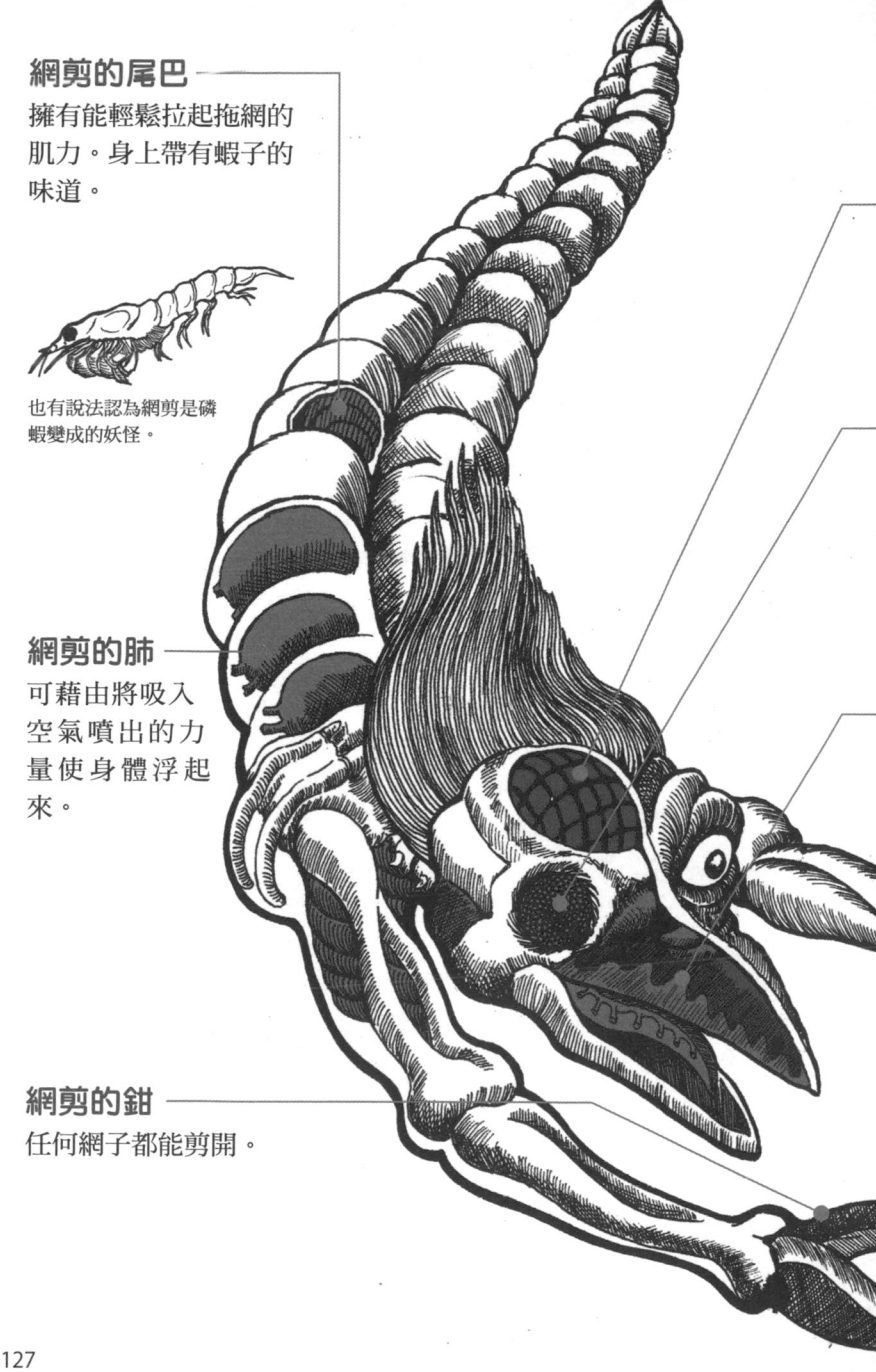

其三十五

執著妖怪 目目連

出現在破洞障子門上的無數眼睛

執念強度：★★☆☆☆
視力：★★★★★
令人在意度：★★★★☆

一顆眼睛的大小
4公分
重量
無法測量

目目連的核心

目目連的本體。從這個小小眼睛伸出的手能彼此串連，擴張到整面障子門。

目目連的手

從核心伸出有如絲線般的組織。能串連核心與核心，不斷擴大。

目目連的大腦

由一個核心發達而形成的記憶裝置。過去看過的所有圍棋對局全都輸入其中。

目目連的眼睛

安置在骨架上的核心當中，僅有兩個核心發展成眼睛。兩眼視力都是五．〇。距離再遠的地方都能看清。

目目連的骨架
從目目連寄生的那一瞬間起，障子門格欞的外觀就變成了骨架。由骨頭圍成的每一門格都會長出目目連。
這不是目目連，而是偷窺者的眼睛。

—其三十五— 執著妖怪・目目連

根據石燕的解說，目目連是從為了下圍棋全神貫注在棋盤上的眾多視線中誕生的妖怪。

鳥山石燕。描繪目目連的江戶時代繪師。據說鳥山石燕創作了好幾個流傳至今的妖怪，像是本解剖圖也有介紹的天井下，但說不定那些都是只有他看得見的妖怪。

推理小說家江戶川亂步說，跟蹤時，即便是跟在跟蹤對象的身後也不能一直盯著對方看。因為視線是很有存在感的。

目目連是一種在荒涼廢屋的破障子門上出現無數隻眼睛的妖怪。一般認為目目連是繪師鳥山石燕所創造的妖怪。據說以前圍棋師全神貫注在棋盤上的意念化作無數隻眼睛，出現在圍棋師曾居住過的屋子的障子門上，從而誕生了目目連。另外也有目目連乃是由妖怪聚集形成的妖怪，以及死去卻沒人發現的旅行僧靈魂的說法。

青森縣也有留下類似目目連的妖怪的記錄。有一名叫做半澤屋吳助的男子到津輕郡十三村的港町購買木材，因捨不得花住宿費而睡在一間閒置老屋，沒想到破障子門的格欞上竟然出現無數隻眼睛。然而吳助卻一點也不驚訝，他一一取下那些眼睛，放入袋中帶回江戶，將眼球賣給眼科醫生。

這篇故事收錄在前面提過的《東北怪談之旅》中的〈障子門的眼睛〉，不過身為醫生的野田卻認為這篇是虛構的故事。曾想採取目目連的野田描述過，取出深嵌在障子門上的眼睛是件非常困難的事。

有時我們會感覺到他人的視線彷彿刺在自己身上。目目連就是這種強烈的眼神實體化而成的妖怪。

出現地區：青森縣
應對方法：不要住在廢棄房屋、不要在意視線

土耳其的「邪眼（Nazar Boncu u）」是能夠保護人不受邪視詛咒的護身符。能代替人承受因受到眾人矚目而引發的嫉妒和惡意等詛咒。

—其三十六— 倒立妖怪・天井下

以前曾有潛入住宅的鬼抓住屋頂的破風裝飾順利逃走。天井下也是沿著破風裝飾進出住宅，因此建議還是別在屋頂裝飾破風。

使人嚇到往後翻是天井下的生活樂趣。以前曾陸續出現有人被嚇到昏厥的情況。

有傳聞說出現在居城的「倒立女」率領五名侍女，倒立在城內的天花板行走。祂很可能是天井下的同伴。

天井下是一種會突然從天花板垂下來嚇人的妖怪。

天井下以一頭亂髮的老婆婆姿態，從天花板露臉嗤笑。讓人為難或是住嘴就是牠的生活樂趣。

天井下逃得很快，當人還在驚嚇沮喪時牠早就消失蹤影。

據說天井下也會走在天花板上，有時會腳踏在天花板上垂下來，或是「砰」一聲掉到地上嚇人。

這個妖怪也叫做「天井sagari」。天井sagari的身體能自由變化，變成橡膠狀從天花板的節孔入侵到房間內。從洞孔垂下來後，一轉眼身體就恢復原狀，然後伸出又紅又長的舌頭舔人的臉。當人發覺並受到驚嚇時，牠早就變形從房屋頂層逃走了。

閣樓是住家中光線照不到的異世界。一片漆黑的閣樓成了妖怪最棒的住處。

天井下就是在這種地方，等待看到人類一臉驚嚇的機會。

出現地區：日本各地的住家中
應對方法：天花板不要有縫隙、不要在屋頂裝飾破風

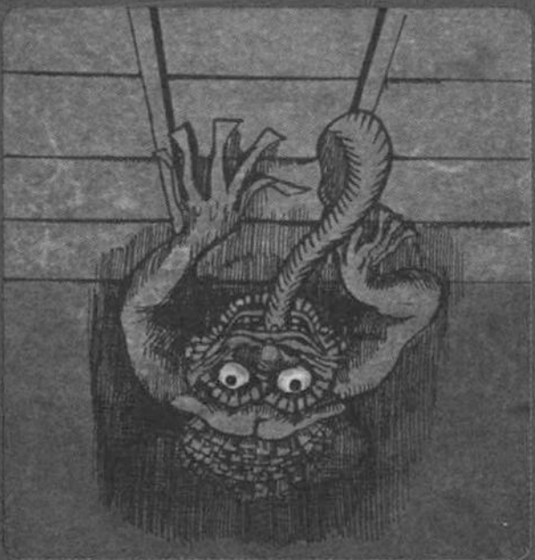

對住在地面上的人類而言，光線照不到的閣樓可說是異世界。在閣樓的暗處中也潛伏著一種名叫「天井嘗」的妖怪。

其三十六

倒立妖怪——天井下

會從天花板垂下來嚇人

身高
140公分
體重
35公斤

背肌力：★★★☆☆
握力：★★★★★
個性惡劣度：★★★★☆

天井下的腳

可藉由腳掌的吸盤自由自在地在天花板行走，亦具備輕輕一踢就能踢破天花板的踢力。

天井下的手

擁有異常強大的握力，單靠指尖的力量就能抓住天花板框架垂下來。

天井下的大腦

總是想著如何作弄人類，讓人類吃苦頭。但另一方面，牠也相當膽小，總會事先鋪好後路以免被抓。

天井下的舌頭

會用舌頭舔睡著的人來驚嚇他們。能隨意伸長，即使在再高的天花板，也能伸長舌頭舔底下的人和東西。

天井下的心臟

由於身體總是從天花板垂下，因此心臟的位置偏上。

其三十七

怨念集合體—幽靈

留下強烈怨恨和留戀而死去的人

怨念：★★★★★
變化自在度：★★★☆☆
現對現世的後悔：★★★★★

身高
資料從缺
體重
21公克

幽靈的床單

外觀看似柔軟的床單，其實是由靈氣般的物質所構成的。害羞的幽靈會在身上披床單。

幽靈的靈氣是由本身帶有的負能量構成的。

幽靈的腳

總是輕飄飄地浮在半空中，有的幽靈沒有腳，但也有幽靈擁有雙腳。

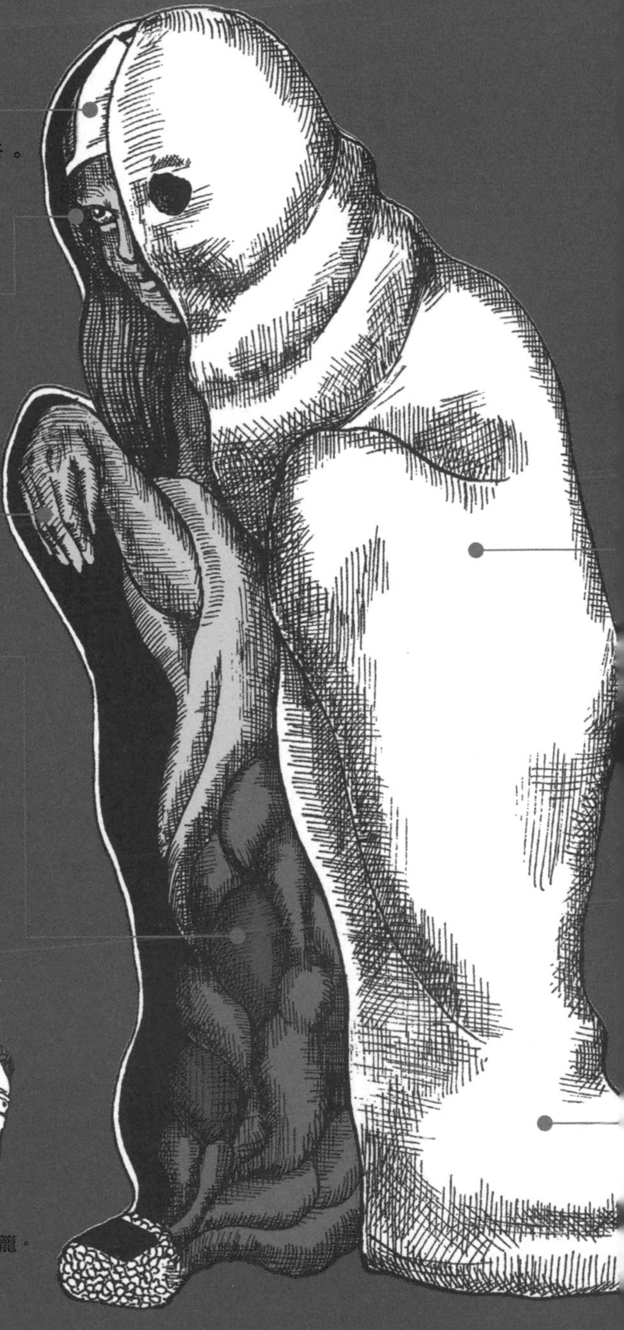

天冠

戴在頭上表示為死者。

幽靈的眼睛

即使在夜晚的墓地和陰暗的屋內，也能看清楚周圍一切。

幽靈的手

會伸手召喚人到陰間。

靈體

由人寄宿在物神上的怨念和人們懼怕怨念的心情，兩者融合而成。這個個體是由被棄置於洞窟內的飯糰上的乾朽菌變成的物神。此外也有將破盤子和燈籠變成物神的幽靈。

寄宿著阿岩怨念的燈籠。

—其三十七— 怨念集合體・幽靈

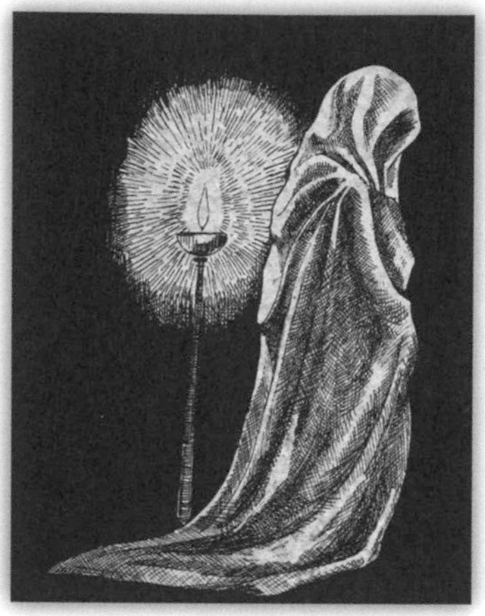

阿岩遭到丈夫殺害，因恨意而變成了幽靈復仇。

英國王妃安妮・博林蒙冤遭到處刑，至今仍在倫敦塔內徘徊。

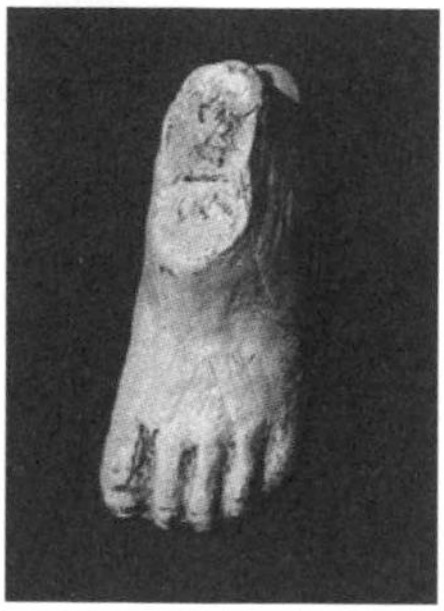

在日本，人們一般認為幽靈沒有腳，不過波蘭詩人庫斯基幫幽靈翻模的標本當中，除了數個手部模型外，也有參雜腳部模型，證明了幽靈也有腳。

在現世留下各種意念而死去的人無法前往陰間，而魂魄滯留現世的模樣就是幽靈。幽靈出現的方式五花八門，有的幽靈不現身，只會製造聲響或出聲；也有幽靈會以在世時的樣貌現身，或是附身在人或物品上現身。

幽靈因對現世還有依戀變成了幽體，因而向人訴說悲傷，或是繼續完成生前未盡之事。隨個體而異，也有因為憎恨人類而加害人類的幽靈。諸如引發搖晃建築物或物體飛起來等「騷靈現象」，或是附身在對方身上做出自殺等惡劣舉動。

為了抑制上述幽靈的力量，人們會借助神佛的力量進行鎮魂，使之成佛。

而在西方，常以披著白色床單的姿態來表現不明幽體，不過根據野田的解剖結果，發現白色床單其實是幽靈用來隱藏自己身影，類似面紗的東西，而幽靈本身，是像在黑暗中發光的蘑菇變成人形的模樣。

誠如古諺所說：「幽靈現真形，竟是枯芒草。」因為恐懼的心情和普通的物質與死者魂魄相結合，才會產生出幽靈。

出現地區：日本各地
應對方法：驅邪、念經、幫牠達成心願（有時會需要犧牲）

可借助靈媒的力量或是拍照來使沒有實體的幽靈顯現。

—其三十八— 怪貓妖怪・貓又

據說襲擊佐賀縣鍋島藩的妖貓擁有強大的妖力，而且長有七條尾巴。

貓用舌頭舔行燈燈油。這盞燈似乎是使用魚的脂肪為燈油。

貓的恨意相當深重。據說遭殺害的貓被埋在土中後仍然恨意不斷，並從口中長出南瓜。這種南瓜果實含有劇毒，人吃了就會死。

貓又是上了年紀而獲得妖力的貓妖怪。貓又棲息在山中，體型較一般貓來的大，擁有分成兩股的尾巴。所謂妖貓是指無關年齡，能變形且舉動可疑的貓；而貓又則是隨著年齡增長得到強大妖力的妖怪。貓又擁有變身成人的能力，個性兇暴，會襲擊甚至吃掉動物和人類。關於貓又襲擊家庭成員，化身並假冒該成員的故事也所在多有。

日本各地都有貓又棲息的山，甚至還有山以此為名。例如在福島縣的貓魔岳，就流傳著會襲擊人類的貓又被武士和火繩槍手制伏的故事。

由於貓獨特的行為模式，牠們很常被當成妖怪。比方說葬禮時，貓要是從遺體上跳過去，遺體就會活動，也有地區流傳著貓會擄走遺體的傳聞。據說拖著火車現身搶奪死者遺體的妖怪「火車」，也是由大貓變成的妖怪。

一般家庭飼養的貓上了年紀可能也會變成貓又。若家中的手巾不見就要注意。因為貓最喜歡跳舞，會帶著家中的手巾，每晚跑出家中與別家的貓會合，一起圍成圓圈徹夜跳舞。

出現地區：福島縣、神奈川縣、東京都、石川縣、島根縣、香川縣等
弱點：刀、火繩槍、狗

江戶時代，有人目擊到有隻貓想抓鳥卻失敗，脫口說出「真可惜」的場面。據說貓只要活超過十年，就會說人話。

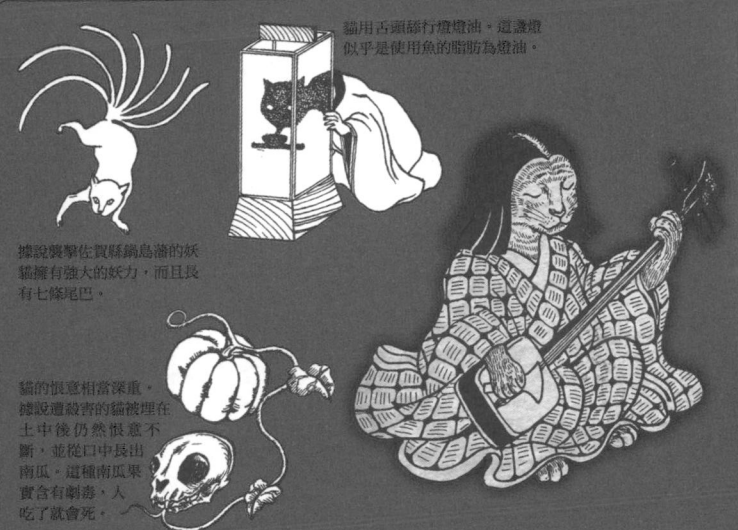

其三十八

怪貓妖怪—貓又

擁有分成兩股的尾巴的大型妖貓

兇暴度：★★★★☆

可愛度：★★★☆☆

尾巴數量：★★★★★

身高
60公分到
2公尺80公分
體重
20公斤到
95公斤

貓又的大腦

上了年紀後就會擁有智力與靈力。不僅會說人類語言，還能藉由強烈的意念變身成各種形態。

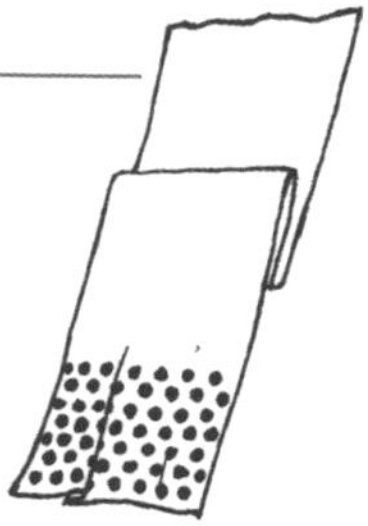

・手巾

貓又跳舞時會將手巾披在頭上，出門跳舞時會攜帶家中的手巾。若是找不到家中原有的手巾，說不定就是家裡養的貓搞的鬼。

貓又的尾巴

擁有妖力之貓的證明。經過漫長的歲月，尾巴周圍的肉下垂，長出新的尾巴。有貓又擁有七條尾巴，是目前最多的。

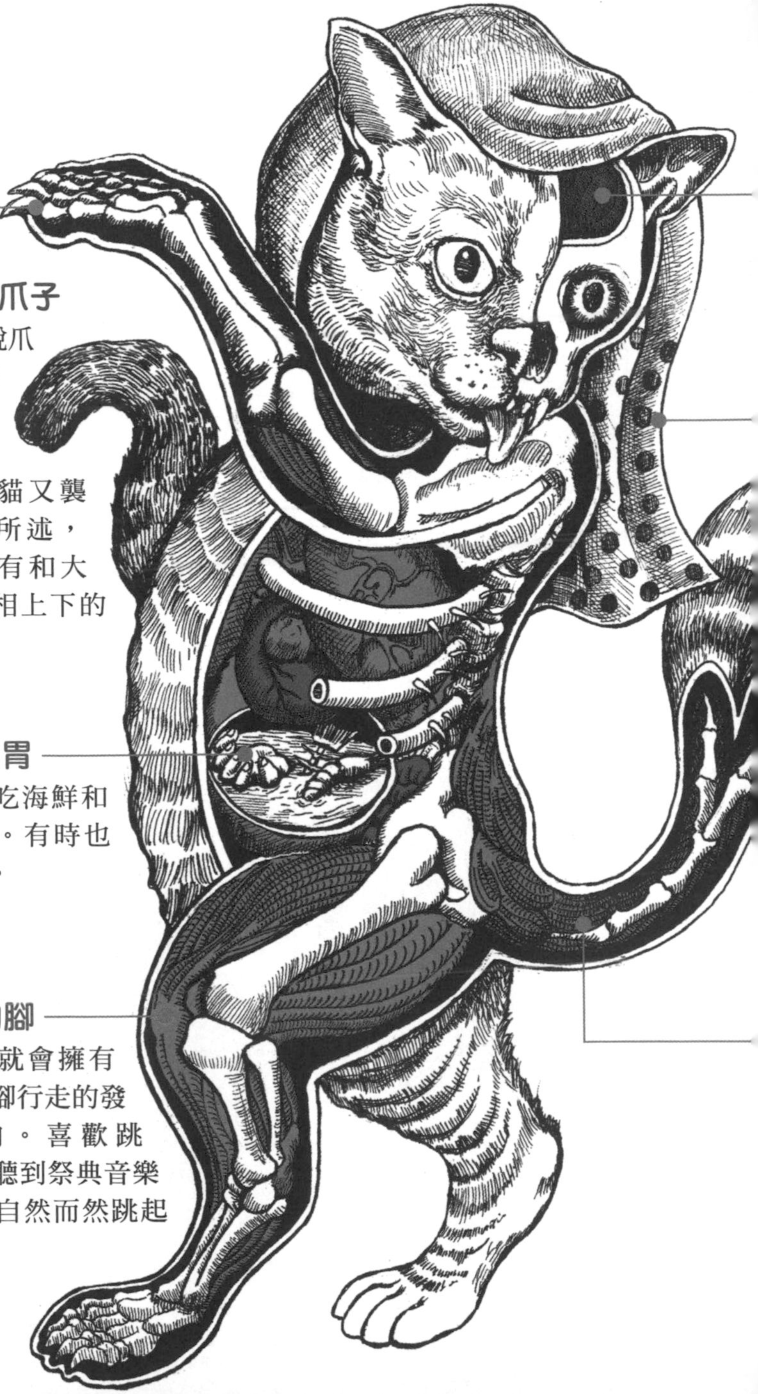

貓又的爪子

進化的銳爪
能劈開
任何物
體。據
曾遭到貓又襲
擊的人所述，
貓又擁有和大
型犬不相上下的
力量。

貓又的胃

最喜歡吃海鮮和
甲殼類。有時也
會吃人。

貓又的腳

活久了就會擁有
能用雙腳行走的發
達肌肉。喜歡跳
舞，一聽到祭典音樂
腳就會自然而然跳起
舞。

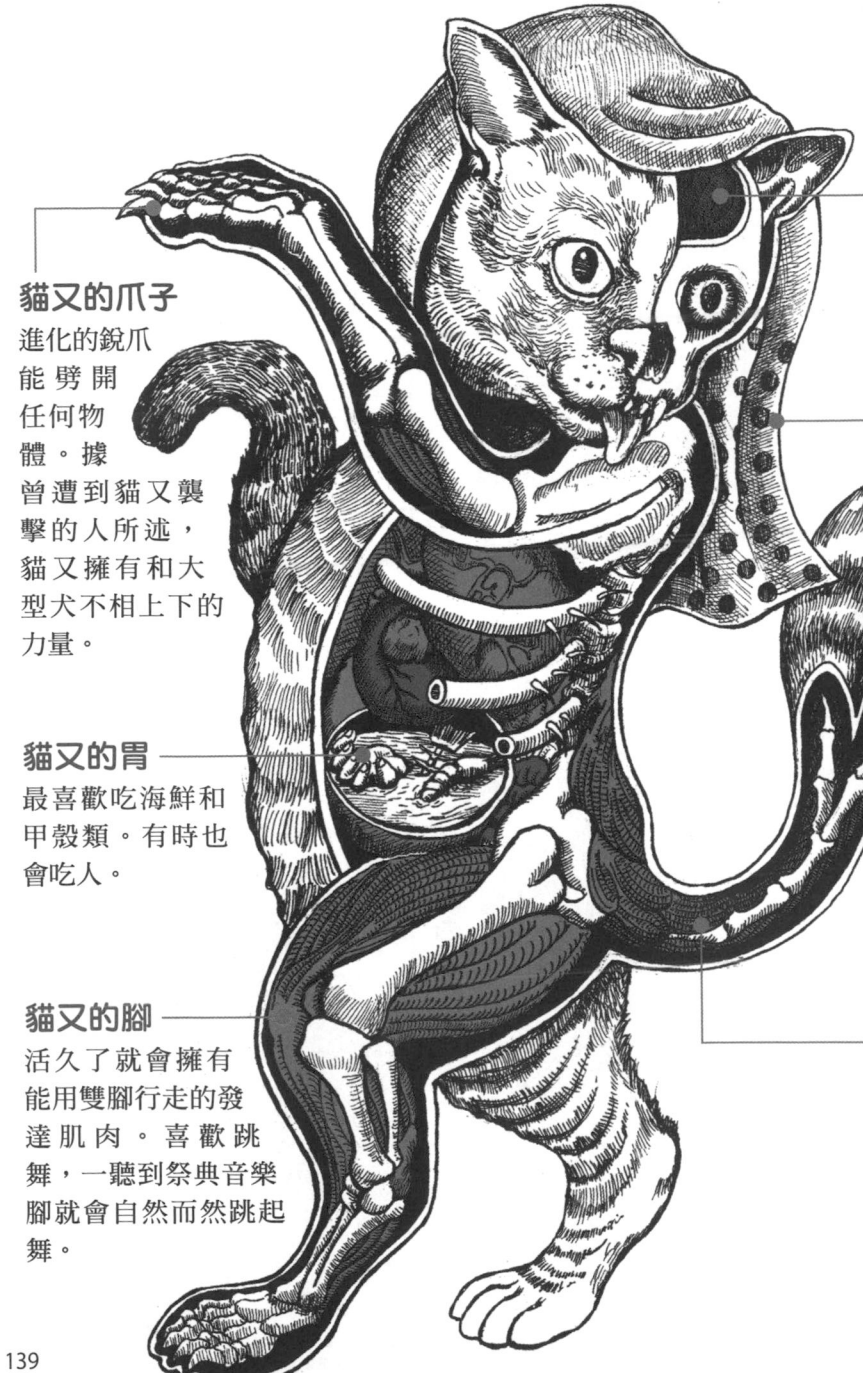

—其三十九—

污穢妖怪—垢嘗

用舌頭舔取堆積在浴室的污垢

清潔度：☆☆☆☆☆
危險度：★☆☆☆☆
陰之力：★★★★★

身高
10公分到
40公尺
體重
5公克到
30000噸

垢嘗的眼睛

總是混濁一片。只要與垢嘗四目相交，身體狀況就會逐漸變糟。

垢嘗的舌頭

能分泌分解污垢和髒污的酵素，任何污垢都能舔取。人的皮膚只要碰到這種酵素就會紅腫，因此在舔人體污垢時也會抑制酵素分泌。

垢嘗的核心

垢嘗的心臟能夠吸引污垢、垃圾和塵埃來構成一個身體。以污垢帶有的陰氣為能量。

垢嘗的胃

舔取的污垢經由食道運送到這裡，再依照污垢的種類分別輸送到身體各部位。

垢嘗的腳

其腳如同蛞蝓，再黏滑的地板都能吸附行走。而污垢石灰化的腳爪在長滿苔蘚的岩場則有釘鞋的作用。

垢嘗的手
由黴菌成分構成，
能讓手碰到的東西
全都長滿黴菌。

—其三十九—污穢妖怪・垢嘗

垢嘗乃是自世間的污穢誕生的妖怪。

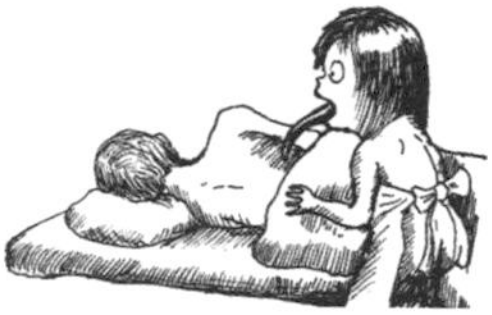

在污穢較少的場所，也會出現舔人類身體污垢的垢嘗。

也有說法認為，舔污垢的妖怪垢嘗與用作清除污垢工具的舊毛巾變成的妖怪「白容裔」是同伴。

垢嘗是一種會出現在浴室舔浴槽或浴桶污垢的妖怪。又稱作「垢舐」。

垢嘗平時住在舊澡堂或住家，會在夜深人靜時現身，舔浴室的污垢。

據說這個留有江戶時代畫的肖像畫的妖怪是從塵埃和污垢中誕生，所以會舔取塵埃和污垢並吸收到體內。因此流傳著為避免這種妖怪出現，澡堂必須常保乾淨的說法。

正因為垢嘗是喜好污穢的妖怪，因此在昭和時代，就有書籍描述，一年看見垢嘗的次數超過三次者就會生病、持續在垢嘗舔過的浴池洗澡，皮膚就會紅腫且發癢不止等。

諸如上述，一般認為垢嘗是陰氣所產生的壞妖怪，不過隨書籍而異，也有書籍提到垢嘗是會幫臥病在床的病患舔除身上污垢的好妖怪。據說在這種情況下，要說「垢嘗先生，下次再來喔」，否則垢嘗不會再次出現。

垢嘗就像是溫泉魚療一樣，能替人吃掉皮膚的代謝物和腐敗角質，使肌膚光滑溜溜。

出現地區：日本全國的浴室、大眾澡堂及溫泉地
弱點：將浴室打掃得清潔溜溜

昭和時代以後，公害和環境污染變成社會問題，也開始出現吸收光化學煙霧和廢氣後身體巨大化的垢嘗。

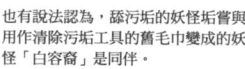

—其四十— 幸運妖怪・座敷童子

座敷童子有許多種類。

◉蝶蝶童子
居住在內廳，膚色白皙，是地位最高的座敷童子。

◉匍匐童子
居住在土間，在地面到處爬的座敷童子。

◉唐子童子
會對人說「借我長柄杓」的座敷童子。如果不挖掉長柄杓底部再拿給牠，牠就會拿杓子舀水惡作劇。

只有小孩才能看見座敷童子。

座敷童子是一種棲息在住家的妖怪。座敷童子會影響居住家庭的興衰，有座敷童子在家庭就會繁榮興盛，一旦牠離開，就會家道中落。根據記錄，座敷童子大多出現在以岩手縣為中心的東北地區。

這世上所發生的超乎人類能理解的事，不一定全都是靈異現象。暴發戶家庭和生活安穩至今的富豪突然家道中落，對以前的人而言可說是超乎人智的妖怪現象，相當離奇。一般認為在背後造成這種現象的，就是妖怪座敷童子。

座敷童子的樣貌相當多樣，有男孩也有女孩。也有出現兩名女童的座敷童子的記錄。平時不會現身，卻會發出到處走動的腳步聲或掃帚掃地聲，也會留下腳印。雖然多少有些礙眼，卻都僅止於孩子氣的惡作劇而已，所以務必要好好善待牠們。

呼叫座敷童子的方法：
在家中地板下埋入金球，或是用玩具和點心招待牠。
但如果欺負或是陷害牠的話，牠就會離開，這點務必要注意

現在仍有人遇到座敷童子，在座敷童子居住的旅館，流傳著不少雖然不見其身影，卻能感覺到其存在的報告。在座敷童子出沒的場所使用夜視攝影機來拍攝後發現，拍到的不是人形，而是類似光球的東西，稱作能量光球（orbs）。

遠野有位男子遇到的座敷童子是兩名女童。據說這兩名女童離開了舊家，遷移到其他住家。離開後沒多久，舊家的一家老小都因為吃了毒菇而中毒身亡。

——其四十——

幸運妖怪—座敷童子

住在家裡愛惡作劇的小孩

身高
約10公分大的球體
到1公尺35公分
體重
5公克到
31公斤

喜歡惡作劇：★★★★★
幸運度：★★★★★
毛骨悚然度：★☆☆☆☆

座敷童子的大腦

能重播未來資訊的光球。平時總是想著惡作劇和玩耍。

座敷童子的心臟

能統合所有發光球體的核心光球。有時也會以光球的形態現身。

座敷童子的手

匯集了小型光球，以便做出細膩的動作。諸如拍球或是拿掃帚和長柄杓，任何事都能靈巧地做好。

※座敷童子的身體是由「能量光球」所構成。

千里眼

能看到遙遠未來的光球。

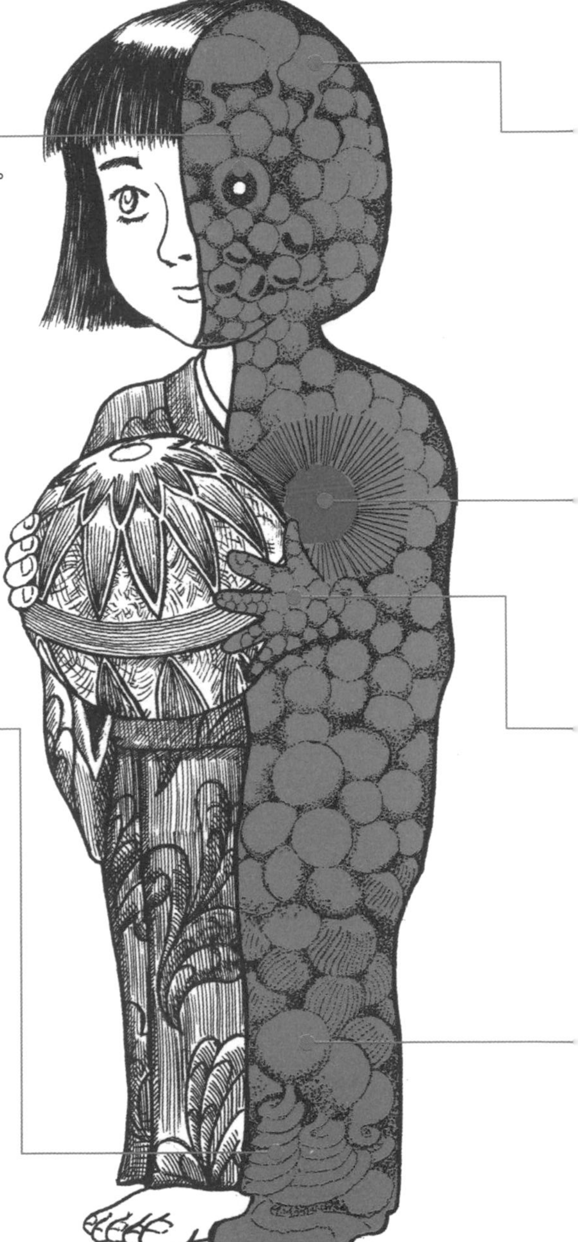

也有座敷童子的姿態為光球的說法。能到處滾動，或是附著在人體上。據說被附著的地方會很溫暖。

座敷童子的腳

會發出到處走動的噠噠聲或是到處蹦蹦跳。也很擅長月球漫步。

・座敷童子的腳印

雖然不見其身影，不過到了早上，在地爐邊緣灰塵堆積處卻留下了約十公分長的小孩腳印。

結語

◇◇◇

我在一九七〇到八〇年代度過了孩提時代，當時社會上充斥著許多妖怪書籍。我常和朋友各自帶著妖怪書籍，一起談論妖怪，感受恐懼。對書中記載的妖怪資訊如數家珍的小孩被稱作「妖怪博士」，同伴也會對他另眼相看。

可是長大後，我才發現，書中記載的妖怪資訊似乎不全是實際留下的傳承記錄，當中也包含不少作者創作的部分。

不久後，新一波妖怪潮流到來，出現一批正式研究妖怪傳承的研究者，近年出版的妖怪書籍數量也高出以往。可是，這些書幾乎都沒有刊載當年我們曾一起談論、害怕的昭和妖怪書籍的資訊。

這本書是我企圖統整當年我所熟悉的、被遺忘的妖怪文化所撰寫的。

書中記載的資訊都是我憑著幻想所寫下的，也添加了不少我在孩提時代實際看到過的妖怪資訊。如果對這些內容有興趣的話，各位不妨自行調查。

這麼一來，說不定你就能看見至今沒人見過的新妖怪。

◇◇◇

二〇二一年十二月吉日　天野行雄

◉参考文獻

『柳田國男全集6』柳田國男（ちくま文庫）
『妖怪事典』村上健司（毎日新聞出版）
『全国妖怪事典』千葉幹夫・編（小学館）
『日本怪異妖怪大事典』小松和彦・監修、常光徹・編、山田奨治・編、飯倉義之・編（東京堂出版）
『江戸文学俗信辞典』石川一郎・編（東京堂出版）
『図説日本未確認生物事典』笹間良彦（柏美術出版）
『47都道府県・妖怪伝承百科』小松和彦・監修、常光徹・監修、香川雅信・著編、飯倉義之・著編（丸善出版）
『妖怪お化け雑学事典』千葉幹夫（講談社）
『鳥山石燕 画図百鬼夜行』鳥山石燕、高田衛・監修、稲田篤信・編、田中直日・編（国書刊行会）
『竹原春泉　絵本百物語　桃山人夜話』多田克己・編、京極夏彦（国書刊行会）
『妖怪図巻』京極夏彦、多田克己（国書刊行会）
『妖怪なんでも入門』水木しげる（小学館）
『いちばんくわしい日本妖怪図鑑』佐藤有文（立風書房）
『東北怪談の旅』山田野理夫（自由国民社）
『おばけ文庫2　ぬらりひょん』山田野理夫（太平出版社）
『アルプスの民話　アルプス妖怪秘録』山田野理夫（ナカザワ）
『妖怪画談全集 日本篇 上』藤澤衛彦・編（中央美術社）
『日本の妖怪大百科』長潟謙彰・編（勁文社）
『妖怪・幽霊大百科』（勁文社）
『世界の妖怪オール百科』竹内義和、聖咲奇（小学館）
『大妖怪伝説』中岡俊哉（二見書房）
『お化けの図鑑　妖怪がとび出す』佐藤有文（ベストセラーズ）
『世界のモンスター』山内重昭（秋田書店）
『日本怪談集　妖怪篇』今野圓輔（社会思想社）
『幻想世界の住人たちⅣ〈日本編〉』多田克己（新紀元社）
『図説　妖怪画の系譜』兵庫県立歴史博物館・編、京都国際マンガミュージアム・編（河出書房新社）
『岡山の妖怪事典　妖怪編』木下浩・編著（日本文教出版）
『江戸怪談集 上・中・下』高田 衛（岩波書店）
『虫の民俗誌』梅谷献二（築地書館）
『動物妖怪譚　上・下』日野巌（中央公論新社）
『植物怪異伝説新考　上・下』日野巌（中央公論新社）
『茶の民俗学』中村羊一郎（名著出版）
『遠野のザシキワラシとオシラサマ』佐々木喜善（中央公論新社）
『余呉の民話』余呉町教育委員会・編（余呉町教育委員会）
『亀城下異談』臼杵妖怪共存地区管理委員会臼杵ミワリークラブ・編（臼杵ミワリークラブ）
『日本の幻獣　未確認生物出現録』川崎市市民ミュージアム・編（川崎市市民ミュージアム）
『日本の怪獣・幻獣を探せ！』宇留島進（廣済堂出版）

※

「怪異・妖怪伝承データベース」（国際日本文化研究センター）
https://www.nichibun.ac.jp/YoukaiDB/
「アニメ・ゲゲゲの鬼太郎（6期）公式ホームページ」（東映アニメーション）
https://www.toei-anim.co.jp/kitaro/

◉工作人員

圖文／天野行雄
書籍設計／結城亨（SelfScript）
協助／式水下流、日本怪物觀光（http://mononoke-kanko.amebaownd.com/）

【作者簡介】

天野行雄

1970年出生於岡山縣。妖怪造形家。藝術組織「日本妖怪觀光」的主導人。除了透過插圖和立體作品來介紹日本各地的妖怪之外，亦親自描繪妖怪相關書籍的裝幀畫及插圖。著有記錄日本妖怪觀光活動的《隅田川の妖怪教室》（講談社）等書，並曾為《妖怪探検図鑑》（あかね書房）、《怪しくゆかいな妖怪穴》（毎日新聞社）等書繪製插圖。

幻想妖怪解剖圖

出　　版／楓樹林出版事業有限公司
地　　址／新北市板橋區信義路163巷3號10樓
郵政劃撥／19907596 楓書坊文化出版社
網　　址／www.maplebook.com.tw
電　　話／02-2957-6096
傳　　真／02-2957-6435
作　　者／天野行雄
翻　　譯／黃琳雅
責任編輯／王綺
內文排版／謝政龍
港澳經銷／泛華發行代理有限公司
定　　價／350元
初版日期／2023年1月

國家圖書館出版品預行編目資料

幻想妖怪解剖圖 / 天野行雄作；黃琳雅譯.
-- 初版. -- 新北市：楓樹林出版事業有限公司, 2023.01　面；　公分

ISBN 978-626-7218-16-7（平裝）

1. 妖怪 2. 日本

298.6　　111018584